원림

중국문화 1

園林

1

원림

러우칭씨 지음

한민영 · 이재근 · 신상섭
안계복 · 홍형순 · 이원호 옮김 · 감수

대가

차례

중국 원림(園林)*으로 들어서면 누구나 동양 특유의 매력에 압도당
한다. 그윽한 분위기에 정교하면서도 절제된 아름다움이 더해져 평
온함까지 느낄 수 있기 때문이다. 대자연의 풍광이 주는 느낌과 달리
원림은 인간이 추구하는 이상을 담고 있으며 돌 한 개, 풀 한 포기에
도 문화적 의미가 담겨 있다. 중국 원림은 문화와 예술을 하나로 만들
었다는 데서 아름다움을 찾을 수 있고 또 진정한 의의를 갖는다. 북방
의 황가 원림은 작은 오작교와 흐르는 시내, 깊숙이 이어지는 굽은 통
로 등 뛰어난 경관과 웅장하고 화려한 궁전식 건축물로 황실의 위엄
을 드러낸다. 가장 대표적인 것은 북경의 이화원(頤和園)이다. 사가 원
림 중에서는 강남(江南)¹¹ 일대의 유원(留園), 졸정원(拙政園), 망사원(罔師
園) 등이 빼어난 산수와 수목을 충분히 활용해 북방의 원림과는 또 다
른 특색이 있다. 이런 원림들은 대부분 조정 관리나 부유한 상인 혹은
문인들의 소유로, 저택과 함께 대청, 서재 외에 몇몇 정자와 회랑, 누
각, 산수, 수목이 어우러져 경관을 더욱 수려하게 만든다. 대부분의 사
가 원림은 규모가 크지 않지만 자연을 그대로 옮겨놓은 듯하다. 이렇
게 원림의 형식을 빌려 도시에 의도적으로 조성된 조경에는 시적 정
취가 깃들어 있으며 그림 같은 아름다움을 담고 있다. 속
세를 등지고 유유자적함을 누리려는 조영자의 마음을 드
러내는 것이다. 이런 다양한 유형의 원림은 평온하고 행복

* 園林: 숲이나 연못을 꾸며 금수를 키
울 수 있을 정도의 대규모 園(과실을 심
는 곳, 『설문해자』)

세계 문화유산에 등록된 이화원. 중국에서 가장 보존이 잘 된 황가 원림이다.

한 삶에 대한 동경을 담고 있기 때문에 '생활 예술'이라고도 한다. 고대 중국인의 인생관, 우주관 및 각 계층의 생활방식, 삶의 가치, 심미관 등이 다양하게 반영되어 있다.

황제는 물론 부유한 귀족들까지도 원림을 소유하는 것이 일생의 낙일 정도로 원림은 고대 중국의 매력적인 생활공간이었다. 여기에서 정치를 논하고, 연회를 열었으며, 사냥, 오락, 독서, 글짓기, 다과, 음악감상, 시 낭독, 그림 등 다양한 취미를 즐겼다. 세월이 흐르면서 이런 여가활동은 풍부한 원림 문화로 자리 잡았다. 그 후 문인들과 선비들이 직접 자신의 원림 조성에 참여하면서 원림에 관한 이론이 등장하고 관련 서적까지 나왔다. 명(明)[2]나라 때의 계성(計成)[3]이 쓴 『원야(園冶)』는 그중에서도 걸작으로 손꼽힌다. 이 책은 원림 조성 기법, 원림 지식, 경험 및 조성 이론을 모두 종합해놓은 것으로 중국 고대 원림을 이해할 수 있는 중요한 열쇠이다. 이렇게 이름 있는 문인과 장인이 이론과 실

19세기 초, 서양화가가 묘사한 중국 원림

제에서 서로 협력하면서 중국만의 미학을 담은 원림 예술이 탄생했고 중국 고전문화의 중요한 영역으로 자리 잡게 되었다.

중국 원림은 설계 단계에서 부터 예술적 경지에 초점을 두었으며 그 안의 산, 물, 식물, 건축물이 만들어낸 공간은 단지 물질적 환경을 넘어서서 특유의 정신적 분위기까지 만들어냈다. 원림 설계가는 상징과 비유를 통해 시화 속 정취와 각 명승지의 장점을 살려냈다. 뿐만 아니라 원내에 사찰, 저잣거리, 주점 등을 지어 현실 속의 미학을 추구했으며 중국 고대의 문학, 회화, 희곡 등과도 긴밀하게 접목시켰다. 특히 원내의 중심 건물에는 전통문화의 정수가 모두 집약되어 있다.

중국 원림은 전통문화예술의 한 분야로 그 기원이 매우 오래되었다. 한국과 일본 등 이웃나라에도 큰 영향을 끼쳤는데, 특히 일본의 고대 원림은 중국의 영향을 많이 받았다.

1699년 12월 31일, 프랑스 궁정은 중국식의 명절 경축방식에 따라

뉴욕 메트로폴리탄 박물관(Metropolitan Museum of Art)에 전시된 명헌(明軒). 석조 조경과 벽에 기대어 지은 반쪽의 정자이다.

* chinoiserie: 17세기의 후반부터 18세기 말까지 유럽의 후기 바로크 · 로코코 양식의 미술에 가미된 중국풍의 미술품

18세기의 시작을 축하했다. 그것이 바로 유럽 문화사에 자주 등장하는 시누아즈리(chinoiserie)*, 즉 중국 기풍의 시작이다. 이를 계기로 순식간에 중국의 도자기, 벽지, 자수, 의복, 가구, 건축양식이 여러 유럽 국가에서 유행했다. 중국의 원림 예술 역시 이때 유럽으로 건너갔는데 영국, 프랑스, 독일, 스위스, 러시아가 특히 큰 영향을 받았다. 이를 계기로 유럽의 정원은 이제까지의 전통이었던 기하학적인 인공미에서 점차 자연 풍광을 그대로 접목하는 중국식 정원으로 변화되기 시작했다.

중국 원림은 어떻게 형성되었고 또 어떤 발전 과정을 거쳤을까? 중국의 원림은 얼마나 많은 종류가 있고 어떤 공통점과 차이점이 있을까? 중국 원림은 오랜 세월을 통해 어떤 경험을 쌓았고 또 어떤 이론을 탄생시켰을까? 이제 직접 중국 원림으로 들어가 그 궁금증을 풀어보자.

1| **강남**(江南): 중국 양자강 이남 지방. 흔히 남경~소주 일대를 핵심으로 하는 안휘, 강서, 절강성을 가리킨다. 수리 시설이 발달한 중국의 주요 농업지대였으며 이를 바탕으로 경제와 문화가 크게 발달했다.

2| **명**(明, 1368~1644): 몽골족이 세운 원(元)나라를 무너뜨리고 들어선 한족 왕조. 평민 출신의 주원장(朱元璋)이 초대 황제이며 약 280년간 지속되었다.

3| **계성**(計成, 1582~1642): 명대의 원림 예술가. 저서로는 세계 최초의 원림 전문 서적 『원야(園冶)』 3권이 있다.

제 1 장 ● 중국 원림의 형성과 발전

원림은 자연과 인공이 완벽하게 결합된 아름다움이다. 제한

된 공간에서 자연에 대한 동경이자 모방을 표현한 것
이고 풀 한 포기, 나무 한 그루를 통해 장인의 마음을 담은 것이며, 자
연을 가공한 것이다. 중국의 원림은 인공으로 만든 가산(假山)과 연못,
정자, 대(臺)*, 누각 등 인공적인 요소와 화초, 나무 그리고 달과 바람 등
자연적인 요소를 한곳에 집약시켜 인간과 자연이 하나 되는 물아일체
(物我一體)의 생활예술로 탄생했다.

　현존하는 북방의 황가 원림은 대부분 명나라, 청(淸)[1]나라 때 지어
졌고 황제의 거주, 여행, 연회, 사냥 등의 목적으로 사용되었다. 때문에
규모가 매우 크고 배치와 조화에 많은 공을 들였으며 막대한 시간과
자금, 인력이 투입되었다. 남방의 사가 원림은 양자강 이남이나 문인들
이 은퇴 후 살았던 고산 혹은 강가에 많이 분포한다. 일부 관료들에게
는 부를 과시하거나 황제의 신임을 얻기 위한 경쟁 무대가 되기도 했
다. 북방의 원림은 크고 웅장하며 남방의 원림은 아름답고 정교한 것
이 특징이다. 이렇듯 비슷하면서도 개성이 뚜렷한 원림은 중국 전역에

*臺: 흙이나 돌 따위로 높이 쌓
아올려 사방을 바라볼 수 있게
만든 곳

분포되어 있으며 중국의 역사와 문화를 모두 함축하고 있다.

황가 원림과 사가 원림 외에도 자연과 풍경에 인문 경관이 더해진 개방적인 원림이 있다. 중국에서는 오악(伍岳)을 5대 명산으로 꼽는다. 동악 태산(泰山), 남악 형산(衡山), 중악 숭산(崇山), 서악 화산(華山), 북악 항산(恒山)이 바로 그것이다. 오악은 오랜 기간의 개발과 보존을 통해 공원처럼 개방적인 형태의 풍경 원림구로 거듭났는데 항주(杭州)의 서호(西湖)가 그중에서도 가장 전형적이다.

사원 원림은 중국 원림역사의 보석 같은 존재이다. 사원 원림은 사찰, 도관, 암자, 사당에 속한 원림으로서 규모가 큰 것은 황가 원림만큼이나 크고, 작은 것은 사가 원림처럼 작다. 자연 산수의 섬세한 가공을 통해 탄생한 사원 원림은 그것이 원림인지 자연인지 구분하기 힘들 정도로 정교하게 가공되었기에 마치 자연의 일부처럼 여겨진다. 이름난 사원 원림은 북경(北京)의 담자사(潭柘寺), 계대사(戒臺寺), 태원(太原)의 보사(普祠), 소주(蘇州)의 서원(西園), 항주 서호의 영은사(靈隱寺), 승덕(承德)의 외팔묘(外八廟) 등이 있다.

중국 호남성(湖南省) 서부에 위치한 무릉원 풍경명승구(武陵源風景名勝區). 동양적인 특색을 지닌 산수 안에 존재하며 신비한 기운이 감돌아 시화에나 등장하는 세상 같다. 언뜻 보면 누군가가 그린 고대의 커다란 풍경화를 펼쳐놓은 것 같다.

사냥과 제례

중국 원림의 역사는 매우 오래되었다. B.C. 2100년에 이미 야생 짐승을 가둬 황제의 사냥터로 이용한 동산인 '유(囿)'가 등장했다. 은(殷)[2]나라의 군주는 유 안에 높은 대를 짓고 하늘을 향해 제를 올렸다. 이곳을 '영대(靈臺)'라 부르는데 영대는 축토, 즉 흙으로 쌓은 구조이며 그 규모는 상상하기 힘들 만큼 크다. 『신서·자사(新序·刺奢)』에 보면 "은나라 주왕(紂王)은 7년에 걸쳐 길이 1,178m, 높이 303m의 사슴을 기르기 위한 녹대(鹿臺)를 지었는데 그 높이가 하늘과 구름에 닿을 듯했다."라고 적혀 있다. 물론 과장된 부분이 없지 않겠지만 은나라 시대의 건축이 규모면에서 얼마나 거대했는지 짐작할 수 있다.

상고 시대에 낚시와 사냥으로 하루하루 연명하던 사람들은 생산력의 한계로 인해 항상 자연에 경외심을 가지고 있었다. 그 결과 산수, 들짐승, 식물 등을 숭배하는 최초의 원시종교가 탄생하였다. 당시 사

람들은 깊은 숲이든 넓은 들판이든, 사냥을 위해 울타리를 쳐놓은 원유(苑囿)든 그 어느 곳에나 신이 존재한다고 믿었다. 그래서 호수나 늪을 영소라 정하고 하늘에 닿을 듯 높은 영대를 쌓아 통치자가 신에게 제사를 올리는 곳으로 삼았다. 영대와 연못이 결합된 이런 원림형식은 원시종교가 오랫동안 백성들의 관념 속에 자리 잡았음을 의미한다. 상고시대 원림은 신에 대한 경배가 그 목적이었기에 엄숙하면서도 신비한 분위기를 띤다.

  사냥과 제례는 중국 원림이 가진 초기의 기능이다. 춘추시대(春秋時代)[3] 이후 수많은 제후가 등장하면서 각국은 경쟁적으로 왕궁과 원유, 영대를 지었고 사치와 향락이 성행했다. 이 과정에서 영대, 정자, 원유의 성격과 규모에도 큰 변화가 생겼다. 상고시대에 통치자만이 점유할 수 있었던 영대가 더 이상 신성이나 왕권의 상징이 아니었던 것이다. 국가의 형태가 갖춰지고 예법, 정무, 생활 등 사회활동이 명확히 구분되면서 원유에 있던 영대는 규모나 크기만을 추구하던 과거 양식에서 벗어나 주변 건축물과 유기적인 조화를 이루는 형태로 변화되기 시작했다. 원시종교의 신비하고 음습한 기운은 점차 사라지고 미(美)가 강조되었으며 사람들은 점차 숭배의 목적이 아닌 자연 자체의 아름다움을 깨닫고 찬미하게 되었다.

통일국가의 상징

고대 중국에서는 왕권을 신으로부터 부여받는다고 믿었다. 그렇기 때문에 하늘로부터 권력을 부여받은 자, 즉 하늘의 아들이라는 뜻에서 황제를 '천자(天子)'라고 불렀다. 진(秦)[4]나라는 6개의 제후국을 차례로 멸망시키고 최초의 통일 국가를 수립했지만 얼마 지나지 않아 더 강한 중앙집권국가인 한(漢)[5]에 의해 멸망당했다. 진과 한은 그 후 2000여 년 동안 계속되는 중앙집권국가의 시초로서 중국 역사상 중대한 의미를 가지며 원림 예술에도 지대한 영향을 끼쳤다.

진한의 문헌에서 400여 년간 대형 토목공사를 통해 조성된 여러 궁원(宮苑)*의 기록을 찾아볼 수 있다. B.C. 221년, 진시황은 중국을 통일하고 방대한 봉건제국을 수립했다. 그는 200,000가구를 섬서성(陝西省) 함양(咸陽)으로 이주시켜 인력과 자원을 총동원한 대형 토목공사를 벌였다. 진나라의 황궁 건축은 규모면에서 상상을 초월한다. 섬서성 흥평현(興平縣)에서 발견된 황궁 유적은 중앙 정궁의 크기만 해도 동서로 1,100m, 남북으로 400m에 달하고 남산(南山)과 위수(渭水) 등 산과 강을 황궁 안에 포함시켰다. 진한 시대의 여러 왕궁 중 가장 유명한 것은 수도 함양 남쪽에 지은 아방궁(阿房宮)이다.

『사기·진시황 본기(史記·秦始皇本紀)』를 보면 "아방궁의 정전(正殿)은 동서로 695m, 남북으로 151m에 달

중국 역사상 최초의 황제인 진시황(秦始皇)

했으며 2층에는 10,000명을 수용할 수 있고 1층에는 15m 높이의 깃발을 세울 수 있었다."고 한다. 진시황은 또 함양을 중심으로 반경 수십 리의 땅에 200여 개의 궁을 더 짓고 비밀통로를 만들어 궁전 사이를 서로 연결하기로 결심했다. 그곳은 어마어마한 궁전인 동시에 원림이기도 했다. 이 엄청난 규모의 건축물은 결국 완성되지는 못했지만 진시황의 야심이 얼마나 컸는지를 단적으로 보여 준다. 불행히도 진나라는 13년 만에 멸망했고 영원한 제국의 꿈은 아방궁과 함께 불타 버렸다. 아방궁의 불길은 3개월이나 계속되었다고 한다.

제국이 멸망한 후 함양은 폐허로 변했고 진을 대신해 들어선 한은 함양 동남쪽의 장안(長安)을 수도로 정했다. 한의 황궁 역시 매우 거대했다. 장안성 내에 위치한 궁전인 장락궁(長樂宮), 미앙궁(未央宮)만 해도 경성 면적의 3분의 1을 차지할 정도였으며 상계궁(上桂宮), 북궁(北宮), 명광궁(明光宮)까지 합치면 경성 총 면적(약 36,000,000m²)의 2분의 1을 차지했다고 한다. 이것은 명청시대의 황궁인 자금성 면적(720,000m²)의 50배에 달하는 크기이다.

한의 국력과 원림 조성은 한무제(漢武帝)[6] 때에 절정에 달한다. 한무제는 절대권위를 드러내기 위해 직접 상림원(上林園)의 조성을 주관하였다. 장안 남쪽에 위치하는 상림원은 북쪽으로는 위수의 남쪽을, 남쪽으로는 남산자락을 끼고 있어 사방의 길이가 130~160km에 달했고 종남산(終南山)의 북쪽과 구준산(九峻山) 남쪽 자락 및 섬서성 중부 지역의 8대 강이 원내 남북을 가로질렀다. 상림원 안의 인공 연못인 곤명지(昆明池)만 해도 그 크기가 1,500,000m²에 달해 수군 훈련이 가능할 정도였다고 한다. 상림원 안에는 12개의 궁전이 있었으며 도로, 회랑, 다리, 누각 등을 지어 공간에 변화를 주었다. 또한 황제가 화초와 음악을 감상하고 동물을 키우며 수양버들을 즐길 수 있도록 각각의 원림을 조성하였으며 궁전 밖에는 작은 규모의 원림이 36개나 더

한나라 시대의 조전문(鳥篆紋)
황동 주전자

사기: 『사기(史記)·봉선서(封
禪書)』의 기록을 보면 동쪽 바
다에 영주, 봉래, 방장이라는
신선이 사는 산 3개가 존재하
는데 그 산에는 하얀 짐승만 살
고, 금은으로 지은 궁궐 안에는
선인들과 불사약이 있다고 한
다. 이 말에 현혹된 당시의 제
후들이 많은 사람을 동쪽 바다
로 보냈으나 결국 원하는 바를
이루지 못했다.

있었다. 그 밖에도 각종 과일나무와 관상목을 심고 여러 희귀한 짐승을 키웠다는 기록이 있는 것으로 보아 상림원은 식물원, 동물원, 과수원의 역할까지 했던 것으로 보인다. 한나라의 사학자 사마상여(司馬相如)[7]가 상림원을 묘사한 글에서 "상림원의 남단에는 겨울에도 만물이 자랐고 북단에는 여름에도 얼음이 얼었다. 상림원은 후대에도 찾아보기 힘든 중국 역사상 가장 큰 원림이다."라고 했을 정도다.

상림원과 아방궁은 모두 전란으로 소실되었지만 중국 원림 역사에 끼친 영향은 매우 크다. 진한의 황궁은 통일국가의 상징으로서 천지와 우주를 지향했고 거대한 평면 공간과 건축, 경관은 삼라만상에 근거한 당시의 정치관과 우주관을 반영하고 있다. 이렇게 인간과 신, 천지를 모두 아우르는 문화현상을 통해 시대적 특징을 볼 수 있다. 상림원의 인공연못인 태액지(太液池) 안에는 세 개의 인공섬을 두어 민간설화에 나오는 영주(瀛洲), 봉래(蓬萊), 방장(方丈)의 3대 선산(仙山)을 표현했다. 후대의 황가 원림은 이렇게 연못에 3대 선산을 두는 조경양식을 본받았고 사가 원림에까지 영향을 끼쳐 '1지 3산(一池三山)' 기법이 원림 조성의 원칙으로 굳어졌다.

산수를 만끽하다

후한(後漢)[8]이 멸망한 후 중국은 300년 동안 군웅할거 시대였으며 계속되는 전란으로 사회는 혼란스럽기 그지없었다. 국가는 흥망을 거듭하고 왕조가 빈번하게 바뀌었다. 뿐만 아니라 생산활동도 크게 위축되어 경제는 매우 어려워졌고 인구마저 크게 감소했다. 그와 더불어 사상 면에서도 큰 변화가 있었다. 오로지 유가(儒家) 사상만 추앙하던 사학 풍조에서 벗어나 유교, 도교, 불교가 모두 성행한 것이다. 중국 문화 역사의 독보적인 꽃으로 빛나는 위진풍도(魏晉風度)란 바로이 시기의 명사들이 즐기던 문화적 특색과 정신문화를 지칭한다.

위진남북조시대(魏晉南北朝時代)[9]는 정치와 사회의 모순이 매우 심각했던 시기로, 사대부 계층은 점차 과거제도나 정치, 나아가 인생 자체에 대하여 강한 환멸을 느끼기 시작했다. 이런 사회적 배경 속에서 자연으로 돌아가 무위도식하는 삶을 추구하는 도교가 성행해 현학(玄學)*이 크게 일어났다. 뿐만 아니라 A.D. 67년에 전파된 불교가 중국 전역에 큰 영향을 끼치면서 사대부 계층은 현세에 대한 의심, 부정을 주장하는 불교와 청담사상을 강조하며 자연에 은

동진(東晉)의 명화 〈낙신부도(洛神賦图)〉. 당시의 소박하고 평화로운 전원의 풍광을 느낄 수 있다.

둔하던 도교의 영향으로 정치 중심에서 벗어나 산수에 빠져 자유로운 영혼을 추구하기 시작했다. 이와 때를 같이하여 중국의 봉건 경제 사회에서는 새로운 형식의 생산조직인 장원(莊園)이 급속도로 성장했다. 이 자급자족의 경제조직은 사상과 문화의 독립, 혁신을 가능하게 하면서 사대부 계층의 든든한 배경이 되었다. 사대부들은 자연을 유람하는 것에서 그치지 않고 자신의 집에서도 야생의 매력과 전원의 느낌을 만끽하고 싶어 했다. 이것이 바로 초기 형태의 사가 원림이다. 다만 지리, 기후, 경제적인 요건의 한계로 인해 거대한 석재로 풍경을 묘사하는 방식으로 실제 산을 이용해 원림을 조성하던 진한시대의 축조 기법을 대신했다. 원림 내에는 소나무, 측백나무를 가장 많이 사용했다. 사시사철 푸르고 꼿꼿하며 정직한 나무의 이미지를 이용해 자신의 절개와 인격을 드러내고자 한 것이다. 이 시기의 사가 원림은 경관과 사물의 관계가 더욱 복잡해지고 추구하는 바도 다양해졌다.

북위(北魏)[10] 수도였던 낙양(洛陽)을 예로 들어보자. 성 내에는 거주 부락이 220개가 있었는데 많은 사가 원림이 이 부락 안에 건설되었다. 『낙양가람기(洛陽伽藍記)』에 보면 당시 낙양은 수자원이 매우 풍부했다고 한다. 낙양성 내에 살았던 고위관료 장륜(張倫)의 원림만 하더

*玄學: 노장(老莊)의 학문이라는 뜻으로 중국 도가(道家)의 학문을 일컫는 말. 유교와 더불어 대표적인 교양으로 추앙받았으며 철학적 색채가 짙어지면서 자연을 추구하는 청담사상으로 발전했다.

소흥(紹興) 난정(蘭亭)의 회학지(戱鶴池). 동진(東晉)의 왕희지(王羲之)가 학을 감상하며 서예를 하던 고대의 원림이다.

라도 풀과 나무를 심어 야생의 자연을 그대로 옮겨놓은 듯했다. 인공으로 만든 경양산(景陽山)이 있었으며, 큰 나무는 해를 가릴 정도였고 바람이 불면 등나무 넝쿨과 꽃이 아름답게 움직였다고 한다. 당시에 이미 사실적인 기법으로 산수를 재현하는 기풍이 유행했던 것이다. 원림 안의 건축물은 그 양식이 화려하고 아름다웠을 뿐 아니라 산수와 조화를 이룬 절경이었다. 이렇게 물을 이용하고 돌을 겹쳐 산을 만들어내는 조영기법 그리고 자연경관과 정교한 조형미, 희귀한 초목, 굽은 통로와 고즈넉한 오솔길을 지향하는 조경양식은 후대의 원림 설계가들에게 좋은 귀감이 되었다.

이 시기의 황가 원림은 대부분 경성의 궁 안에 건설되었는데 삼국시대(三國時代)[11] 위(魏)나라의 수도 업성(鄴城)[12], 북위 낙양성의 화림원(華林園)과 서유원(西游園), 남조(南朝)의 수도 건강(建康)[13]의 화림원(華林園)과 낙유원(樂游園) 등을 들 수 있다. 이런 황가 원림은 산수와 초목, 정자, 누각으로 이루어졌는데 초기 황가 원림이자 사냥 목적으로 조성되었던 원유와는 여러 면에서 차이가 있다. 원내에는 인공으로 만든 오악, 호수, 섬이 있었고 건물은 조각이 화려한 들보와 아름다운 마룻대로 구성되었으며 처마는 마치 나부끼는 치맛자락처럼 하늘을 향해 치켜들었다. 뿐만 아니라 물가에 가까이 건물을 짓고 긴 회랑과 정자, 다리를 서로 연결하는 방식으로 황실의 존귀함과 사치스럽고도 화려한 기백을 강조했다.

원림 예술과 더불어 이 시기 중국에는 사대부 문화가 본격적으로 발달하기 시작했고 시문, 서예, 그림, 음악, 음식, 의복 등 각 영역에 있어서 그 어느 시대보다도 큰 성과를 남겼다. 중국 원림에 반영된 휘황찬란한 산수 경관, 시문, 서예, 회화가 바로 이 시기에 탄생한 것이다.

전국적으로 불교, 도교 사찰이 지어지면서 다수의 사원 원림이 나타나 황가 원림, 사가 원림과 어깨를 나란히 했다. 하지만 이때의 황가 원림은 더 이상 진한 시기 절정의 화려함을 재현하지는 못했다. 왜냐하면 과거의 웅장하고 격식을 따른 원림보다는 작고 아름다우며 정교한 원림을 지향했기 때문이다.

태평성대의 낙원

581년, 수(隋)[14] 왕조는 중국의 오랜 분열을 종식시키고 통일국가를 수립한다. 하지만 37년 만에 당에 의해 무너지고 당은 통일된 중국의 새 주인으로 군림했다. 당(唐)[15] 조정은 생산 증대와 사회 안정을 촉진하는 정책을 펼쳐 전국의 농업이 발전하고 경제가 번영했으며 정치는 안정되어 태평성대를 이룩할 수 있었다.

당의 수도인 장안은 수나라의 수도를 근간으로 건설되었다. 중앙집권제도의 상징으로서 수당의 수도는 더욱 전반적인 기능을 갖추었다. 건축 종류의 다양화는 물론 그 안에 내재된 주종관계가 더욱 뚜렷하고 엄격해져 성숙한 중앙집권제 국가에 맞는 건축양식으로 자리잡아갔다. 이것은 중국 역사상 보기 드문 현상이다.

위진시대 사람들의 산수에 대한 집착과 사랑이 정치적 실망과 현

고대회화 작품 〈괵국부인유춘도(虢國夫人游春圖)〉. 당나라 귀부인의 야외 나들이와 자유로운 여가생활을 묘사했다.

실도피에서 비롯된 것이라면 당나라 사람들의 원림 사랑은 태평성대의 필요에 의한 것이었다. 당의 황가 원림은 대부분 수도 장안 혹은 동쪽 수도인 낙양성과 그 교외에 집중되어 있었는데 그중에서도 규모가 가장 큰 것은 장안성 북쪽의 금원(禁苑)이다. 『사기』에는 금원이 동서 10km, 남북 9km에 달하는 어마어마한 규모였다는 기록이 있다. 망춘궁(望春宮), 어조궁(魚藻宮), 구곡지(九曲池), 방압정(放鴨亭) 등 24개의 작은 원림과 건물군을 보유하고 있는 금원은 당 황실의 주요 풍경구이자 사냥터였다. 해마다 황제가 후궁과 왕자, 신하들과 함께 이곳에서 사냥, 연회, 가무, 연극, 축국, 줄다리기, 투계 등 다양한 여가활동을 즐겼다. 격구(擊毬)*는 당나라 황제가 가장 즐겼던 오락활동으로 대명궁(大明宮)의 좌신전군구장(左神殿軍毬場), 동내원(東內苑)의 구장정자(毬場亭子), 서내원(西內苑)의 함광전구장(含光殿毬場) 등 장안성 안에만도 여러 개의 격구장이 있었다. 당 중기에는 금원 남쪽의 이원(梨園) 내에

*擊毬: 말을 타고 공을 치는 놀이. 오늘날의 폴로(polo)

청나라 화가가 그린 당나라의 명원(名園). 왕유(王維)의 시에 등장하는 망천(輞川) 별서의 사슴 울타리를 묘사했다.

황가 예술학원을 설치하고 당현종[16]이 직접 음악을 가르치기도 했다.

당나라의 궁원에는 '3내(三內)*'와 '3원(三苑)**'이 있었다. 3내는 궁과 정원이 결합된 것으로 대명궁 앞 궁정구, 궁정구 북쪽의 원림구, 넓은 수면을 드러내는 중앙의 태액지(太液池)가 선덕전(宣德殿), 자신전(紫宸殿)과 함께 모두 중심축 위에 있다. 이런 전궁후원(前宮後園)**의 배치는 후세의 황궁과 경성 건설의 기본형식으로 굳어졌다.

장안성 동남쪽의 곡강지(曲江池)는 부용원(芙蓉園)이라고도 하는데 원래는 황실의 원림으로 쓰이다가 후에 백성들에게 개방되었다. 연못가를 따라 아름다운 건물과 정자, 누각이 서 있으며 희귀한 꽃과 나무가 주변을 둘러싸고 있는 이곳은, 장안성 내에서도 가장 아름다운 풍경 원림구이다. 해마다 음력 3월 3일 상사절(上巳節)과 9월 9일 중양절(重陽節)이면 아름다운 천과 등불이 천지를 뒤덮고 여러 노점이 호수 양쪽에 길게 늘어서 백성들이 함께 노래하고 즐길 수 있었다.

*三內: 대명궁, 태극궁(太極宮), 흥경궁(興慶宮)
**三苑: 동내원, 서내원, 금원
**前宮後園: 궁이 앞에 있고 원림과 정원이 뒤에 있는 구조

섬서성(陝西省) 임동(臨潼)의
구룡지(九龍池). 당나라 행궁
유적에 조성된 풍경원이다.

황제와 가족들도 이곳을 방문해 문무백관들과 연회를 열었는데, 이
날만큼은 백성들의 출입도 허락되어 남녀노소, 신분고하를 막론하고
다 함께 축제를 즐길 수 있었다. 당의 황가 원림은 대중들이 함께 즐
기는 공원의 역할을 했다. 이렇게 제왕과 왕족, 백성들이 신분을 뛰어
넘어 함께 즐기는 문화는 중국 역사에서 매우 보기 드문 현상이다.

이렇게 당나라가 문화, 예술 면에서 눈부신 발전을 이루자 사가 원
림도 더욱 발전하여 갔다. 사람들은 당시(唐詩)를 통해 자연 풍광을 묘
사했고 산수화도 독립된 화풍으로 발전했으며 걸출한 산수화가가 수
없이 많이 탄생했다. 이렇게 산수를 노래하고 묘사한 시화의 발전 및
창작 기법은 이 시기의 원림 조성에 결정적 역할을 했다. 유명한 시
인이자 화가인 왕유(王維)[17]도 장안성 부근의 망천(輞川)에 별서를 지
었다. 산과 호수, 나무가 어우러진 뛰어난 자연 풍광의 계곡 속에 원
림을 앉히고 사슴 우리, 버드나무 길 등 20개의 경관을 만들었는데

원내의 경관이 모두 그림처럼 아름다웠다고 한다. 시대를 초월해 지금까지도 사랑받는 왕유의 주옥 같은 작품들은 모두 이곳에서 탄생했다. 그는 또한 직접 〈망천도(輞川圖)〉를 그려 별서의 아름다움을 섬세하게 담아냈다. 왕유의 원림은 지금은 비록 수몰되어 없어졌지만 후세의 많은 사람들에게 찬사를 받았다. 특히 청나라의 건륭제(乾隆帝)[18]는 원명원 내에 왕유의 망천 별서를 흉내 낸 북원산촌(北遠山村)을 만들 정도였다.

10세기 궁정화가가 그린 〈중병회기도(重屛會棋圖)〉. 후대 사람들은 이 그림을 통해 고대 제왕의 황실 내부 배치를 알 수 있게 되었다.

태평성대의 문인들은 매우 즐거웠을 것이다. 유명한 시인 백거이(白居易)[19]는 낙양에 자신이 직접 설계하고 감독한 저택을 지어놓고 여러 문인들을 불러 함께 술과 가무, 시를 즐기며 여가를 보냈다고 한다. 해마다 가을이 오면 백거이는 원림에서 술을 마시고 금을 탔으며, 취기가 오르면 악공들을 불러 정자에서 공연을 열었다. 아름다운 음악소리가 물안개 피어오르는 연못과 어우러져 더할 나위 없는 정취를 만들어냈다. 이렇게 풍류를 즐길 줄 아는 백거이는 강서성(江西省) 여산(盧山)의 향로봉(香爐峯) 북쪽에도 '여산초당(盧山草堂)'을 지었다. 나무로 만든 창과 흙벽으로 집을 짓고 옻칠도 하지 않은 여산초당은 종이로 바른 창문에 대나무 발을 드리워 소박한 운치를 자아냈다. 원내에는 커다란 노송과 청아하고 푸른 죽림, 정교하고 빼어난 자태의 석조 조경이 있었으며 천연의 폭포 소리가 울려 퍼졌다고 한다.

문인들이 조성한 원림은 그들의 인생관을 그대로 반영한다. 황가 원림의 웅장한 기백이나 관료들의 사가 원림이 지닌 화려한 기풍과 달리 담백하고 수수한 품격을 지닌다. 당나라 때 발달한 문인 원림은 후대의 원림 발전에 좋은 밑거름이 되었다.

항아리 속 세상

송(宋)[20]나라 때는 원림 조성이 크게 성행했다. 황가 원림, 사가 원림, 사원 원림 외에도 성내의 찻집, 술집에서도 연못을 파고 돌을 쌓아 가산을 만든 원림을 조성하여 손님들을 끌어들였다.

『후한서(後漢書) 방술전(方術傳)』에는 다음과 같은 고사가 있다. 한나라 때, 비장방(費長房)이라는 사람이 있었다. 어느 날 비장방은 이상한 광경을 보게 되었다. 약장수 할아버지가 항아리 속으로 사라진 것이다. 신기하게 생각한 그는 할아버지의 뒤를 밟았고, 결국 할아버지 손에 이끌려 항아리 속으로 들어갔다. 항아리 속에는 옥으로 만든 화려한 저택에 산해진미가 차려져 있었다. 비장방은 할아버지와 함께 술과 음식을 마음껏 먹고 나서 항아리 밖으로 돌아왔다. 겉으로 보기엔 작은 항아리였지만 그 안에는 별천지가 있었던 것이다. 고대 중국인들은 아마도 원림을 통해 신선이 살았던 항아리를 구현하고자 했던 것 같다.

간악(艮岳)은 송나라의 수도 변량(汴梁)[21]에 있는 송의 가장 대표적인 황가 원림이다. 한당시대에 성행했던 수백 km² 규모의 황가 원림과 달리 간악의 실제 면적은 몇 km²에 불과했고 가장 높은 봉우리도 125m를 넘지 않았다. 그럼에도 간악은 중국 원림 역사상 가장 중요한 위치를 차지하며 '천하제일의 아름다움이자 고금의 으뜸'이라 일컬어지기도 한다. 그 작은 공간에 어떻게 그렇게 아름답고 화려한 원림을 만들 수 있었을까.

간악의 가장 큰 특징은 집약이다. 즉 아름다운 경관을 모아놓은 것이다. 원내에는 산수, 전각, 초당, 꽃과 나무가 함께 어우러져 다양한 볼거리가 넘친다. 이곳에는 소흥(紹興)의

송나라 시기의 그림 〈금명지타표도(金明池奪標圖)〉에 담긴 변량의 황가 원림

감호(鑒湖), 항주(杭州)의 비래봉(飛來峯)은 물론 도연명(陶淵明)[22]의 글에
나오는 복숭아나무 계곡, 임포(林逋)[23]의 글에 나오는 매화 연못 그리
고 전설 속의 팔선관(八仙館)과 농촌의 장원이 모두 들어 있다. 원내의
각 자연환경은 서로 연결되며 소박하고 함축적인 예술적 특색을 자
랑한다. 걸음을 옮길 때마다 다양하게 변화하고 깊이를 더해가는 경
관들은 작은 규모임에도 큰 기쁨을 주기 때문에 산수와 수목의 정수
를 농축해놓은 원림이라는 찬사를 받기에 충분하다.

　당나라의 중후반기에 탄생한 작고 정교하며 집약적인 원림 기풍
은 송나라에 이르러 절정의 성숙미를 발산한다. 이때의 문인 원림
은 과거에 비해 규모가 많이 줄어들었지만 그 작은 공간 속에도 계
곡, 언덕, 샘물, 연못, 섬, 꽃, 나무, 바위, 정자, 대청, 초당 등 없는 것
이 없었다. 사실 이 작은 원림에 자연의 변화를 모두 담아내기란 보
통 힘든 일이 아니다. 하지만 송나라 사람들은 전례 없이 뛰어난 창
조력과 예술적 능력을 바탕으로 훌륭한 '항아리 속 세상'을 만들어

송나라 시기의 그림 〈청금도 (聽琴圖)〉. 그림에서 금을 타는 사람은 송나라 황제 휘종(徽 宗)[24]으로 이 그림의 작가이기 도 하다.

*營造法式: 송대(宋代) 휘종 (徽宗) 때인 1103년에 이계 (李誠)가 앞서 편찬된 같은 이 름의 책을 개편하여 펴낸 책으 로, 각종 건축의 설계, 구조, 재 료 및 시공에 관한 규범을 상세 하게 정리해 놓았다.

냈고 중국의 전통 미학 역시 이 시기에 최 고조에 이르렀다.

송나라의 사가 원림, 즉 관료와 문인들 의 원림은 개봉, 낙양, 소주, 항주에 가장 많 이 분포되어 있으며 또한 가장 전형적인 형 태를 띤다. 정원과 기둥의 대련, 편액, 아름 다운 바위, 서까래, 실외의 분재, 금붕어 어 항, 양탄자, 장식품 등의 원림 소품은 이전 시대에 비해 종류가 다양하고 풍부해졌을 뿐 아니라 후세의 사람들까지도 입을 다물 수 없을 만큼 아름답고 정교한 작품들로 가 득했다.

이 시기의 300년은 중국 원림의 성숙기 라고 할 수 있다. 이때 조정에서는 『영조법 식(營造法式)』*이라는 책을 편찬했다. 송대의 건축설계와 시공에 관한 내용을 담은 이 책은 건축자재의 높이, 두께 를 등급으로 나누고 자세한 설명을 곁들여 오늘날 고대 건축설계의 기본법칙을 이해하는 데 귀중한 자료가 된다. 또한 여기에 적용된 건 축기법은 비율적으로도 완성도가 매우 높아 당시 중국의 목공물이 매우 성숙한 단계에 이르렀음을 알 수 있다. 그림에서도 이 시기의 건축유형과 형식의 다양성을 엿볼 수 있다. 그 화려하며 섬세한 품격 은 웅장하고 기백이 넘치는 당나라의 기풍과는 사뭇 다르다.

하늘과 땅을 품 안에

중국 역사는 원(元)[25]을 거쳐 명청시대를 맞는다. 사실적인 기풍의 산수화는 원나라 때 성숙기로 접어들었고 이것은 원림의 발전을 촉 진했다. 황가 원림, 사가 원림, 사원 원림 및 자연풍경을 그대로 살린

자연 원림이 두루 발달했다. 이때 중국 고대사회 후기의 대표작인 원명원이 탄생한다. 이 시기에는 원림 예술이 한 단계 더 발전했고 특색 있는 원림 조성 이론도 속속 등장했다.

　명나라의 대표적 황가 원림은 만세산(萬歲山)과 태액지(太液池), 황성 안의 서원(西苑), 자금성(紫禁城) 내의 어화원(御花園)이 있다. 청나라 때는 황가 원림과 사가 원림이 모두 크게 발전했는데 현재 우리가 볼 수 있는 대부분의 고대 원림이 청나라 때의 것이다. 만리장성(萬里長城) 북쪽 승덕시에 위치한 피서산장은 한족, 몽고족, 티베트족의 건축 특징을 모두 집약시킨 것으로서 세계적으로도 보기 드문 종교 건축의 수작이다. 또한 위치별로 다양한 풍경을 감상할 수 있다. 호수구에서는 강남의 수려하고 아름다운 호반을 느낄 수 있고 산악구에서는 서북 산지의 웅장한 기운을 볼 수 있으며 평원구에서는 특별하고 이국적인 푸른 들판을 감상할 수 있어 '원림 종합 예술관'이라는 별칭이 있을 정도다. 원명원을 관람한 서양인들은 원명원을 '원림 중의 원림'이라고 극찬했다. 각 시대별 원림의 정수를 집약했을 뿐 아니라 장춘원(長春園) 북쪽의 바로크 양식 분수대와 서양루(西洋樓)에서 볼 수 있듯 서양의 건축기법까지 반영했기 때문이다. 이렇게 중국 원림 예술은 오랜 시간 발전 단계를 거치면서 동서양의 문화를 복합적으로 받아들여 격조 있는 중국 예술로 승화되었다.

청나라의 사가 원림은 주로 남경, 소주, 양주(楊州) 일대에 모여 있는데 양주의 원림은 그중에서도 가장 전형적인 특징을 지닌다. 양주의 개원(个園)은 원내에 산이 있고 산 안에 정자가 있으며, 정자에 오르면 녹양(綠楊) 성곽과 수서호(瘦西湖), 평산당(平山堂) 등의 절경을 한눈에 볼 수 있도록 설계되어 고도의 원림예술을 자랑한다.

¹ **청**(淸, 1616~1911): 명나라 이후 만주족 누르하치(奴爾哈赤)가 세운 정복왕조로서, 중국 최후의 통일왕조. 1911년 신해혁명으로 멸망한다.

² **은**(殷, B.C. 1600~B.C. 1046): 중국의 고대 왕조. 은허(殷墟) 유적의 발굴로 실제로 존재하였음이 증명된 중국 최초의 국가이다.

³ **춘추시대**(春秋時代, B.C. 8세기~B.C. 3세기): 중국 고대의 변혁시대. 주(周) 왕조가 실시했던 봉건제도가 차츰 그 힘을 잃게 되면서 각 제후국들의 세력다툼이 시작되었다. 이런 제후국들의 다툼은 진시황의 진나라가 중국을 통일할 때까지 계속되는데 B.C. 403년 이전을 춘추시대, 그 이후를 전국시대(戰國時代)라 부른다.

⁴ **진**(秦, B.C. 221~B.C. 207): 중국 주(周)나라 때 제후국의 하나로 중국 최초의 통일국가. 하지만 폭정과 간신의 횡포로 13년 만에 멸망하고 말았다.

⁵ **한**(漢, B.C. 202~A.D. 220): 진(秦)을 잇는 중국의 통일왕조. 초대 황제는 고조(高祖) 유방(劉邦)이다. 장안(長安)을 수도로 하여 번영하였다. 왕망(王莽)이 세운 신(新, 8~22)나라에 의하여 잠시 점령당한 적이 있어, 그 이전에 장안을 수도로 하였던 한을 전한, 낙양(洛陽)에 재건된 한을 후한이라고 한다.

⁶ **한무제**(漢武帝, B.C. 156~B.C. 87): 한나라의 제7대 황제. 중앙집권체제를 강화하고 적극적인 대외정책으로 영토를 크게 확장했으며 동서양의 교류를 촉진했다. 이 시기에 실크로드가 만들어진다.

⁷ **사마상여**(司馬相如, B.C. 179~B.C. 117): 중국 전한시대의 문인. 사물에 대한 감상을 비유를 쓰지 않고 직접 서술하는 작품인 '부(賦)'에 탁월했으며, 육조(六朝) 문학에 지대한 영향을 끼쳤다.

⁸ **후한**(後漢, 25~220): 황실의 외척이었던 왕망이 세운 신(新)나라를 무너뜨리고 복원된 왕조. 하지만 외척과 환관의 득세로 멸망한다.

⁹ **위진남북조시대**(魏晉南北朝時代, 220~589): 후한(後漢)이 멸망한 다음 해부터 수(隋)나라 문제(文帝)가 진(陳)을 멸망시키기까지의 혼란의 시대이다.

¹⁰ **북위**(北魏, 386~534): 선비족(鮮卑族)이 중국 화북(華北) 지역에 세운 왕조. 중국의 제도와 관습을 많이 받아들여 국가 체제를 정비하였고 불교가 발달했다.

¹¹ **삼국시대**(三國時代, 220~280): 중국 후한(後漢)이 멸망한 후 위(魏), 촉(蜀), 오(吳) 등 3국이 정립(鼎立)했던 시대. 3국 중 가장 강성했던 위나라는 촉을 멸망시키지만 얼마 지나지 않아 재상이었던 사마(司馬)씨에게 정권을 빼앗긴다. 사마씨는 위를 무너뜨린 후 진(晉)을 세우고 오나라까지 멸망시켜 중국 대륙의 오랜 분열을 종식시킨다.

¹² **업성**(鄴城): 오늘날 하남성(河南城) 안양(安陽) 북쪽

¹³ **건강**(建康): 오늘날 강소성(江蘇省) 남경(南京)

¹⁴ **수**(隋, 581~618): 위진남북조시대를 종식시킨 통일 왕조. 문제(文帝), 양제(煬帝), 공제(恭帝) 3대의 단명 왕조이다. 오랜 토목 공사와 고구려 정벌로 국운이 기울어 내란이 끊이지 않았다. 태원(太原)의 유수였던 이연(李淵)이 세운 당(唐)에 의해 그 명맥을 다한다.

¹⁵ **당**(唐, 618~907): 수나라에 이은 중국의 통일왕조. 290년간 중국을 다스리며 문화와 경제를 절정으로 끌어올렸고 한국, 일본 등 아시아는 물론 유럽의 정치, 경제, 문화에도 큰 영향을 끼쳤다.

¹⁶ **당현종**(唐玄宗): 당나라의 제6대 황제(712~755 재위). 민생 안정과 부국강병을 실현했고 예술에도 조예가 깊어 문화 발전에 큰 기여를 하였다. 수십 년의 태평성대를 이룩한 명군이었으나 말년에 지나치게 도교에 심취했고 양귀비(楊貴妃)와의 로맨스로 정사를 돌보지 않아 망국의 길을 걷게 된다.

¹⁷ **왕유**(王維, 699~761): 중국 자연시인의 대표주자. 대표작으로는 『왕우승집(王右丞集)』이 있다.

19| **백거이**(白居易, 772~846): 당나라 중기의 시인. 평이하고 유려한 시를 잘 써서 백성들의 많은 사랑을 받았다. 대표작으로는 『장한가(長恨歌)』, 『비파행(琵琶行)』 등이 있다.

20| **송**(宋, 960~1279): 5대 10국의 뒤를 잇는 통일왕조. 5대 중 하나인 후주(後周)의 절도사였던 조광윤(趙匡胤)이 세웠다. 군인들의 권력 횡포에 염증을 느낀 조광윤은 무인을 억압하고 문인을 중시하는 문치주의를 택하고 강한 중앙 집권 체제를 수립했다. 문화 부흥 정책으로 사회 전반이 안정되고 백성은 풍요로웠다. 하지만 1126년 북쪽에서 일어난 금(金)나라에 의해 수도 개봉(開封)을 빼앗기고 강남의 임안(臨安)으로 천도해 남송시대를 연다.

21| **변량**(汴梁): 오늘날 하남성(河南省) 개봉(開封)

22| **도연명**(陶淵明, 365~427): 동진(東晉)·송나라 때의 시인. 기교를 멀리하고 담담한 시를 잘 썼다. 당시에는 사람들에게 인정받지 못하다가 당대 이후는 육조(六朝) 최고의 시인으로 꼽혔다. 대표작으로는 『도화원기(桃花源記)』, 『귀거래사(歸去來辭)』 등이 있다.

23| **임포**(林逋, 967~1028): 송나라의 시인. 맑고 담백한 시를 잘 써서 송시(宋詩)의 선구자로 꼽힌다. 매화를 노래한 시가 많아 매화시인이라고도 불리며 대표작으로는 『임화정집(林和靖集)』이 있다.

24| **휘종**(徽宗, 1082~1135): 송나라의 제8대 황제(1110~1125 재위). 정사보다는 예술에 조예가 깊어 궁정 예술을 크게 발전시켰다. 금나라와 동맹하여 요(遼)나라를 협공하려 하였으나 오히려 금나라의 침공으로 수도를 빼앗겨 북송시대를 마감한다.

25| **원**(元, 1206~1368): 중국을 중심으로 동아시아 전역을 지배한 몽골왕조. 칭기즈칸에 의해 세워진 몽골제국은 손자인 쿠빌라이에 이르러 중국 전역을 통일하게 되고 그때부터 중앙집권국가의 틀을 마련한다. 1368년 주원장에게 수도를 빼앗기고 몽골 지역으로 쫓겨 나갔으나 얼마 지나지 않아 멸망한다.

제2장 • 명청시대의 사가 원림

명청시대의

사가 원림은 인구가 많고 물자가 풍부하며 오랜 전통문화가 발달한 강남과 당시의 정치 중심지인 북경 일대에 집중되어 있다. 강남의 고도시인 소주만 하더라도 20세기 초에 이미 170여 곳의 원림이 있었고 지금까지 완전한 모습으로 남아 있는 원림만도 60곳이 넘는다. 그중에서도 시야가 훤히 트이고 깔끔하며 정자와 누각이 우아한 졸정원(拙政園), 아름다운 회랑이 건물을 둘러싸고 기암괴석이 웅장한 유원(留園), 고즈넉한 작은 산과 맑은 물이 돌아 흐르는 창랑정(滄浪亭), 격조 있고 정교하며 간결한 멋을 풍기는 망사원(罔師園) 등이 대표적인 수작이다. 이 원림들은 모두 건축, 산수, 꽃과 나무로 이루어진 종합예술작품이며 자연미, 건축미, 회화적 아름다움까지 모두 함축하고 있어 중국 원림의 표본이자 세계 문화사에서도 가치가 높은 유산으로 손꼽힌다. 원림의 도시라고도 하는 소주에서는 어디를 가든지 작은 다리 밑에 물이 흐르는 고원(古園)과 거기에 녹아 있는 오랜 역사의 흔적을 쉽게 만나볼 수 있다.

강남의 사가 원림

강남의 사가 원림은 소주, 양주, 무석(無錫), 항주 등지의 원림을 대표로 꼽을 수 있다. 명청시대에 소주의 경제와 문화는 절정에 달했으며 원림 조성 예술 역시 매우 성숙한 단계였다. 때문에 수많은 원림 예술가가 탄생했고 원림 조성 활동도 최고조에 달했다. 소주의 원림은 정교하고 섬세한 설계로 자연은 물론 자연을 뛰어넘는 심오한 심미관을 드러낸다. 그중에서도 사자림(獅子林)과 졸정원, 유원, 망사원, 창랑정은 유네스코 세계문화유산으로 등록되었다.

양주의 원림은 대부분 저택과 원림이 함께 붙어 있는 택원(宅園)인데 도시가 번영할 당시에는 성 내의 거리, 교외의 강가에서 원림이나 별장을 쉽게 볼 수 있었다. 청나라 건륭제 시기에는 '24경'과 '수서호(瘦西湖) 원림구'로 명성을 떨쳤다. 당시 양주의 원림은 소주보다도 그 수가 많아 '양주 원림은 천하제일'이라는 찬사를 들을 정도였지만 아쉽게도 전쟁으로 대부분 소실되어 지금은 거의 남아 있지 않다.

항주에는 유명한 서호 풍경 원림구가 있다. 항주의 원림은 대부분 서호를 중심으로 분포하는데 원림이 반영하는 주제도 매우 다양하다. 그중에서도 중국의 원림 예술을 가장 잘 반영하고 있는 것은 1907년에 지어진 서호 제일 명원 곽장(郭莊)*이다. 그 당시 사람들은 원림을 조성하는 데 열을 올렸으며 인간의 도리와 원림을 접목시켜 생각했다. 즉 원림을 조성하는 것을 일종의 수양으로 생각한 것이다. 자손들이 원림에서 독서, 시, 그림, 작곡 등의 여가생활을 즐기며 인생의 도리를 깨닫고 반듯한 인격을 수양할 수 있기를 염원하였다. 이렇듯 원림이란 인간의 정과 마음뿐 아니라 우주의 이치까지 담겨 있는 심오한 예술의 결정체다.

*郭莊: 분양(汾陽) 별장이라고도 불린다. 청나라 말엽 1907년에 지어진 10,000m² 규모의 원림으로 서호를 끼고 소제(蘇堤)와 마주하고 있다. 기존의 강남 양식을 따르면서도 서양식 건물도 포함하고 있어 서호 최고의 명원으로 꼽힌다.

*魚米之鄕: 강남의 별칭. 물고기와 쌀의 고향이라는 뜻이다. 강남은 호수와 강이 많아 예부터 농사와 어업이 발달했고 풍요로운 지방으로 알려졌다.

**大運河: 문제(文帝)가 나라를 세운 후, 관동 지방의 물자를 도성으로 원활히 조달하기 위해 만든 운하. 문제가 사망한 후 그의 아들 양제(煬帝)가 계속 진행했다. 그 결과 식량 조달이 빨라져 고구려 정벌이 가능해졌다고도 전해진다. 하지만 무리한 토목공사와 잦은 해외 정벌로 수나라는 38년 만에 망하고 만다.

**洞門: 벽이나 담에 다양한 구멍을 내서 만든 문

수려하고 정교한 강남 문인 원림의 동문(洞門)** 너머 경치가 마치 벽에 걸린 액자 같다.

강남 사가 원림의 조성 배경

명청시대 이후의 사가 원림은 대부분 강남 지역에 집중되어 있는데 이것은 결코 우연한 현상이 아니다. 강남 지역이야말로 자연, 경제, 인문 등 다양하고도 뛰어난 환경 조건을 가졌기 때문이다.

강남의 뛰어난 자연환경과 사가 원림의 발달은 불가분의 관계다. 우선 강남 일대에는 강과 호수가 많고 물줄기가 사방으로 흐르기 때문에 원림 안으로 물길을 끌어들이기가 쉬웠다. 또한 온대기후 지역의 특성상 겨울이 그다지 춥지 않고 습도가 높아 각종 관상목과 화초가 자라는 데 유리하며 품종도 다양했다. 뿐만 아니라 강남 일대에는 석재가 많이 나는데 남경, 의흥(宜興), 곤산(昆山), 항주, 호주(湖州) 등지에서는 황석(黃石)이 많이 나고 소주에는 태호석(太湖石)이 많이 난다. 태호석은 강이나 호수에 있는 돌이 흐르는 물에 오랫동안 깎이면서 색깔이 변하고 주름과 무늬가 생겨 정교한 모양이 되는데 원림의 가산 조성에 많이 쓰인다. 이렇듯 강남에서는 원림 내에 물을 끌어들이고, 돌을 쌓아 산을 만들며, 건물을 짓고 진귀한 화초를 심는 작업이 모두 가능했다.

강남은 도시와 농촌을 막론하고 어느 북방지역보다 인구 밀집도가 높다. 기후와 토양, 물자가 풍부한 자연환경과 특수한 지리요건 때문이다. 그래서 예로부터 강남을 '어미지향(魚米之鄕)*'이라 일컬었으며 중국 역사상 경제적으로도 매우 중요한 위치를 차지했다. 특히 수나라 때 남북을 잇는 대운하(大運河)**를 개통하면서 양자강과 대운하의 2대 수로가 만나는 교착지로서 중국 서부와 북부의 광활한 땅을 연결해주었다. 소주, 항주에서 나는 비단은 한나라 때부터 이미 세계적으로 명성을 날렸다. 또한 2400년 역사의 고도 양주는 운하 남단의 물류 집결 항구로 당나

라 때 이미 대외개방의 중요 기점이 되었다. 명청시대에 와서는 강남의 상업 무역 중심이자 중요 항구 역할을 하면서 전국의 부유한 상인들이 모여들어 명실상부한 농업, 수공업 및 상업 발전의 요충지가 되었다.

강남의 경제 번영은 건축업의 지속적인 발전을 가져왔고 건축자재와 기술 수준을 한 단계 끌어 올렸다. 건축업의 오랜 부흥으로 많은 명인이 탄생했는데 강남의 목공 장인, 기와 장인, 진흙 장인들이 각각의 정교한 기술로 전국적인 명성을 얻었고 그중 일부는 황궁 건설까지 참여했다. 명청시대 북방에서 활동한 유명한 장인들은 대부분 남방 출신이었는데 당시 남북의 건축기법과 기풍은 큰 차이가 있었다.

원림 조성은 문화 건설이라고 할 수 있다. 그렇기 때문에 원림을 짓기 위해서는 물리적 여건은 물론 인문환경도 갖추어져 있어야 한다. 강남은 역사가 길고 심오한 한족 문화가 이어져 오는 곳으로 예로부터 많은 문인과 성현을 배출했다. 경제와 문화가 발달하면서 많은 문인들이 강남으로 몰려들었는데 유명 시인 백거이, 소식(蘇軾)[1] 등은 모두 항주의 지방관리 출신이다. 그들은 서호의 치수(治水) 사업과 제방 쌓기, 호반 녹화, 조경 공사 등을 감독하고 서호를 최고의 풍

좌 양주의 수서호. 양주는 과거에 천일염, 쌀, 찻잎의 집결지로서 중국에서 가장 부유한 도시였다.

우상 외부 화랑과 연결된 관람용 정자

우하 원림 내의 수상 누각

경 원림 지구로 만든 일등공신이며 서호를 찬미하는 아름다운 시를
남겨 풍부한 인문환경까지 더해주었다. 남송(南宋)[2]은 수도를 임안(臨
安)[3]으로 옮겼다. 그때 따라온 수많은 관리와 문인들은 아름다운 시
화와 글을 남겼고 독특한 강남 문풍(文風)을 창조해냈다. 특히 원림 예
술에 직접적인 영향을 끼친 산수시(山水詩)와 산수화는 강남에서 가장
크게 번성했다.

남송 이후 많은 관리와 거상, 문인들이 항주로 몰리면서 원림 조
성은 절정에 이르렀다. 명청시대에는 과거를 통해 인재를 뽑았는데
그렇게 뽑힌 경성의 관리 중 강남 출신의 선비가 매우 많았다. 강남
출신의 선비들은 나이가 들어 관직에서 물러난 후에 대부분 전원으
로 돌아가 사가 원림을 짓고 여생을 즐겼다. 청나라 후기에 들어 북
방에서는 전란이 끊이지 않았다. 때문에 관료와 상인들은 앞 다투어
남쪽으로 이주하고 절강성(浙江省) 일대에 저택과 원림을 지어 난을
피하고자 했다. 원림의 소유주는 대부분 시화에 능하거나, 문인들과
가까이 하는 것을 즐겼기 때문에 저택과 원림을 짓는 데 많은 정성

을 들였고 조성과 설계과정에 직접 참여하기도 했다. 이렇게 명청시대 강남의 사가 원림은 수량뿐 아니라 품격 면에서도 절정에 이르렀다.

강남 명원(名園) 감상

무석 기창원(寄暢園)

무석(無錫)[4]의 기창원은 강남에서도 유명한 산록(山麓)에 딸린 원림으로, 정밀하고 오묘한 원림 조성 예술과 독특한 기품으로 명성을 떨쳐왔다. 기창원은 400여 년의 역사를 가지고 있는데 처음에는 명나라 정덕(正德)[5] 연간(1506~1521)에 지어진 병부상서 진금(秦金)의 별장이었다. 1591년에 이르러 진금의 후손인 진요(秦耀)가 기창원으로 개조했고 그의 후손들이 지속적으로 증축하고 수리했다. 기창원은 강남 원림의 굴곡 있고 완만하면서도 자연을 모방한 특색을 그대로 지녔으며 가산을 이용한 기법으로 자연과 융화된 소박하고도 청아한 운치를 자랑한다.

기창원의 서부로 들어가면 고목, 계곡, 샘물 소리가 어우러져 마치 숲 속에 있는 듯한 착각을 불러일으킨다. 원내 어디서나 가산을 볼 수 있는데 전체 면적의 3분의 2가 산으로 덮여 있다고 보면 된다. 또한 가산 위에는 각종 관상목과 화초가 아름답게 심어져 있으며 산세를 따라 계곡과 오솔길이 나 있다. 혜산(惠山)에서 끌어온 계곡물은 높낮이가 다른 가산의 산세를 따라 흘러내리며 시원한 물소리를 낸다. 물과 계곡이 만들어내는 고즈넉한 분위기 때문에 이곳을 다양한 소리가 들리는 계곡이라는 뜻의 '팔음간(八音澗)'이라는 별칭으로 부르기도 한다.

원림의 동쪽에는 '금회의(錦匯漪)'라는 연못이 있는데 좁고 긴 장방형에, 남북이 길고 동서가 좁은 형태로 전체 원림 면적의 약 17%를 차지한다. 연못의 북쪽에는 평평한 다리와 회랑 다리가 수면을 가로질러 자칫 심심할 수 있는 수상 풍경에 또 하나의 경관을 선사한다. 북쪽 끝 연못이 끝나는 부분에는 회랑 다리가 있는데 물줄기가 다리 밑으로 사라지면서 물길이 끝없이 이어지는 듯한 착각을 일으킨다. 금회의는 그다지 크진 않지만 연못가에 굴곡이 있고 또 수역이 여러 개로 나뉘어 조금도 지루하거나 협소하다는 느낌이 들지 않는다.

가산과 연못의 규모에 비해 기창원 내에는 건물이 그다지 많지 않다. 입구에 있는 사(祠)*, 당(堂), 재(齋)**를 제외하고 몇 개의 정자, 고대, 누각, 다리가 연못 주변에 있을 뿐이다. 그중에서도 연못의 동쪽에 있는 수상 누각 지어함(知魚檻)**은 수역의 중심부에 있는데 연못 서쪽에 펼쳐진 가산 풍경을 한눈에 감상할 수 있다. 북쪽의 가수당(嘉樹堂)은 지대가 높고 개방적인 기창원의 핵심 경관이다. 가수당 안에 들어서면 원림 밖의 혜산과 사찰이 눈앞에 펼쳐지고 석산탑(錫山塔)의 그림자까지도 볼 수 있다. 때문에 바람에 물결치는 연못과 더불어 그림 속을 노니는 것과 같은 느낌이 든다. 석산(錫山)과 혜산이 기창원 안에 존재하는 것보다 더 그윽한 정취를 만들어낸 것이다. 1,667m²의 좁은 지역임에도 불구하고 여러 조경이 집약적으로 모여 있어 무한한 경지를 느낄 수 있다. 연못 서북쪽에 자리 잡은 함벽정(涵碧亭)은 회랑과 회랑 다리를 통해 지어함과 만나게 되어 있다. 이곳은 주변을 감상하고 휴식을 취하기에 더할 나위 없이 좋은 곳이다. 정자와 회칠을 한 새하얀 벽, 아름다운 문양의 누창(漏窓)**이 원림의 경관을 더욱 아름답게 만들기 때문이다.

면적이 크지는 않지만 명확한 공간계획

무석 기창원의 평면도

0 5 10 15 20m

北

을 통해 가산, 바위, 연못의 모양, 건축 및 세부 건물을 세심하게 배치함으로써 기창원만의 특색 있는 경관이 탄생했다. 특히 산과 물의 농염한 정취와 드물게 들어선 건축물로 이뤄진 아름다운 원림의 환경은 당송시대 이후 지속된 문인 원림의 기풍을 계승한 것으로 현존하는 명청 원림 중에서도 손꼽히는 수작이라 할 수 있다.

졸정원(拙政園)*

졸정원은 강남에 있는 또 하나의 이름난 사가 원림으로 강남 수향(水鄉)의 독특한 분위기를 그대로 담고 있다. 졸정원은 소주(蘇州)⁶¹ 동북쪽에 위치하며 명나라 정덕 연간에 조성되기 시작했다. 처음에는 왕헌신(王獻臣)의 택원이었으나 그 후 수차례 주인이 바뀌었다. 졸정원은 동원, 중원, 서원으로 나뉘는데 총 면적이 41,000m²에 달해 대형 사가 원림으로 손꼽는다. 오늘날 중원, 서원은 원래의 모습을 그대로 간직하고 있는 반면 동원은 새로운 원림으로 개조되었다. 지금의 졸정원은 정덕 연간의 모습과는 큰 차이가 있지만 여전히 사가 원림

*拙政園: 졸정원이라는 이름은 한시(漢詩)의 한 구절인 '졸자지위정(拙者之爲政: 어리석은 자가 정치를 한다)'에서 따온 것으로 어사였던 왕헌신이 관직에서 쫓겨나 고향에 돌아와 지은 것이다.

4대 원림: 일반적으로 중국의 4대 원림은 북경의 이화원, 피서산장, 졸정원, 유원을 꼽는다. 이중 졸정원과 유원이 소주에 있다. 그 밖에도 소주에는 대형 원림이 8곳, 중형 원림이 13곳, 소형 원림이 20여 곳에 이른다. 비록 원림이라 부를 수는 없지만 잘 다듬어진 정원도 28곳이나 된다.

의 대표작으로 꼽히기에 손색이 없다.

졸정원의 중원은 원림의 핵심 부분으로 공간 구획상 절반은 북쪽의 수역, 나머지 절반은 남쪽의 육지구역으로 나눌 수 있다. 그중에서도 육지구역은 원림 건축물이 집중된 곳으로 정자, 당, 누각, 관(館)* 등이 모두 여기에 모여 있다. 경관의 조합 측면에서 보면 동쪽에서 서쪽까지 세 부분으로 나눌 수 있는데 중앙이 가장 중요한 핵심 부분이다. 먼 곳에서도 향기를 느낄 수 있다는 뜻의 원향당(遠香堂)은 원림의 한가운데에 있는데 졸정원에서 가장 큰 대청형의 건축물로 물을 끼고 있

무석 기창원. 동문을 통해 엿보이는 녹색 세상

다. 북향으로 넓게 개방된 월대에서는 맑고 투명한 연못물을 볼 수 있고 여름철이면 연꽃향기가 바람을 타고 날아들어 그윽한 정취를 느낄 수 있다. 원향당 내부는 정교하고 아름다운 유리창으로 전면이 장식되어 있다. 실내에서도 사면의 경치를 한눈에 감상할 수 있어 마치 한 폭의 산수화를 펼쳐놓은 듯하다. 졸정원의 동원에는 해당춘오(海棠春塢), 영롱관(玲瓏館), 가실정(嘉實亭), 청우헌(聽雨軒) 등으로 이루어진 건물군이 있다. 담장과 가산으로 둘러싸여 독립된 하나의 공간을 이루는데 그 안에 심어놓은 비파나무 때문에 비파원(枇杷園)으로 불리기도 한다. 졸정원의 서원에는 옥란**당(玉蘭堂), 득진정(得眞亭), 향주(香州) 등의 건물이 있으며 긴 회랑과 가산이 넓고 확 트인 뜰을 둘러싸고 있다.

졸정원의 중원은 개방된 수상 풍경을 위주로 여러 건축물이 있다. 건축과 연못 두 요소의 결합으로 변화무쌍한 경관의 풍경 원림구로 탄생하였다. 중원의 북반구 수역에는 흙과 돌을 쌓아 만든 섬 두 개가 있다. 연못의 서쪽 면과 접해 있는 섬의 산 정상에는 '설향운울정(雪香雲蔚亭)'이라는 정자가 있고 멀리 원향당과 마주 보고 있다. 섬의

*館: 건축형식을 말하는 것은 아니며, 기본적으로 방문객이 사용하는 건축물을 뜻한다.

**玉蘭: 중국어의 옥란은 목련을 의미한다. 중국 문인들은 청초한 목련을 사랑했기 때문에 중국의 원림에는 옥란이라는 이름이 들어간 건물이나 정자가 꽤 많다.

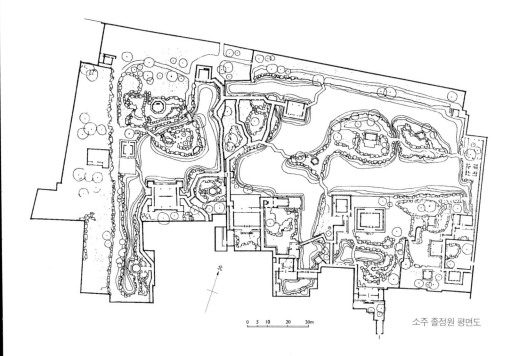

소주 졸정원 평면도

서쪽 끝에는 하풍사면정(荷風四面亭)이 있다. 아름다운 연꽃으로 인해 얻은 이름이다. 연못가 삼면에는 버드나무를 빽빽하게 심어놓았고 부용꽃이 그 주위를 둘러싸고 있어 자연스럽게 담장을 이룬다. 높은 곳에서 하풍사면정을 내려다보면 수면 위로 튀어나온 날렵한 처마의 정자가 돋보여 연꽃으로 꽉 찬 연못에 아름다운 구슬이 박혀 있는 듯 한 느낌이 든다. 동쪽의 작은 섬에는 북산정(北山亭)이 있다. 두 섬 사 이, 섬과 연못가 사이는 다리로 연결되어 있어 원림 감상에 편의를 제공하는 한편 그 자체로도 멋진 경관이 된다. 연못의 서북쪽은 견산 루(見山樓)이다. 견산루는 졸정원 북쪽지역의 주요 경관으로 물에 비 친 설향운울정을 볼 수 있고 멀리 향주(香洲), 소비홍(小飛虹) 등의 경관 도 감상할 수 있다. 연못 서쪽에는 소비홍과 소창랑(小滄浪)이라는 이 름의 회랑 다리 두 개가 수면을 가로질러 수역을 분할한다. 물줄기의 끝을 가려 고인 물의 느낌이 나지 않게 한 것이다. 중원의 남단에는 건축물이 집중되어 있지만 청(廳), 당, 정, 방(舫)* 등 그 형태가 다양하

졸정원에서 특이할 만한 것은 건물에 쓰인 유리가 파란색이 라는 점이다. 그 유리를 통해 밖을 내다보면 마치 눈으로 뒤 덮인 것 같은 착시현상을 주기 때문이라고 한다. 왕헌신은 눈 내린 풍경을 특히 좋아했는데 따뜻한 소주에는 눈이 잘 내리 지 않기 때문에 파란 유리로 설 경을 대신했다고 전해진다.

*舫: 배 모양을 본떠 만든 수 상 건축물. 수상 풍경을 감상하 는 정자의 역할로 많이 쓰이기 때문에 돌로 짓는 경우가 많다. 대부분 삼면이 물에 접해 있고 뱃머리는 다리나 강가, 호숫가 에 연결되어 있다.

졸정원 유청각의 내부 전경. 창문, 가구 등이 모두 정교하고 아름다운 목공 예술품이다.

고 회랑, 다리, 가산이 중간 중간 조화를 이루는 데다 비파, 해당 등 각종 특색 있는 식물이 자태를 뽐내기 때문에 전혀 단조롭거나 답답하지 않다.

졸정원의 서원 역시 수상 풍경을 위주로 하는 공간이며 면적은 중원의 절반 정도다. 연못은 남북을 향하며, 수면이 넓어지는 곳에 작은 섬이 있어 전체적으로 좁고 긴 곡자(曲尺) 형태의 수면을 이룬다. 이곳의 주요 경관은 북쪽에 집중되어 있다. 연못의 북단에는 그림자가 거꾸로 비치는 누각이라는 뜻의 도영루(倒影樓)가 있다. 물과 가까운 쪽은 기둥 사이가 유리로 장식되어 있어 실내에서도 물에 비친 주변의 아름다움을 한눈에 감상할 수 있다. 밤이면 물 위에 비친 달과 흐르는 구름, 수면에 흩뿌려진 달빛이 절경을 이룬다. 연못의 남쪽 면은 36원앙관(三十六鴛鴦館)인데 여름과 가을에는 창밖으로 물에서 사이좋게 노니는 원앙을 볼 수 있다. 물 위에 떠 있는 것 같은 긴 회랑은 졸정원의 중원과 서원을 자연스럽게 연결해 그 매력을 더한다. 연못 옆에 있는 유청각(留聽閣)은 추상적으로 만들어낸 배 모양의 건물로 연못 가득 핀 연꽃을 헤치고 곧 출항할 것만 같은 느낌을 준다.

졸정원 연못은 전체 원림의 5분의 3을 차지하고 주요 건축물도 대부분 수면에 접해 있다. 향주의 석방(石舫)은 아름다운 배 모양의 외관이 돋보이며 뱃머리에 서면 발 아래로 작은 물보라가 이는데, 사면의 시야가 확 트이고 빛이 잘 통해 마치 과거 왕족들이나 즐기던 뱃놀이를 하는 것 같은 느낌이 든다. 또한 원림에는 여러 품종의 초목이 있어 다양한 볼거리가 넘친다. 이른 봄 설향운울정에서는 차가운 날씨 속에서도 꽃을 피우는 매화를 감상할 수 있고 해당춘오에서는 비

단을 펼쳐놓은 듯한 아름다운 해
당화를 볼 수 있다. 또한 여름이면
가실정에서 금 구슬을 매달아놓은
듯한 비파를 볼 수 있고 가을에는
출향관(秫香館) 담장 밖에서부터 피
어오르는 꽃향기를 맡을 수 있다.
뿐만 아니라 겨울이면 송풍수각(松
風水閣)에서 추위에 아랑곳하지 않
고 꿋꿋이 서 있는 소나무, 대나무
를 감상할 수 있다. 견산루는 눈앞
에 펼쳐진 경관으로 시각을 자극

졸정원 중원의 수상 풍경. 연못
이 전체 원림의 5분의 3을 차
지한다.

하고, 원향당은 아름다운 꽃향기로 후각을 자극하며 청우헌(聽雨軒)은
나뭇잎을 때리는 빗방울로 청각을 자극한다. 이렇게 섬세하고 정교
한 설계로 인해 졸정원의 주인은 사계절 내내 아름다운 경관 속에서
동양 예술의 감성을 만끽할 수 있었다.

현재의 졸정원은 정덕 연간에 조성된 원래의 졸정원에 비해 건축
물이 눈에 띄게 늘었고 연못 가운데의 작은 섬도 새로 생겨났다. 비
록 과거의 충만하고 자연스러우며 고요한 정취를 모두 담아내지는
못하지만 여전히 최고의 원림으로 꼽힐 만큼 아름답고 정교하다.

망사원(罔師園)

1981년 뉴욕 메트로시티 박물관에 작품 하나가 전시되었다. 바로
중국의 고대 원림 건축물인 '명헌(明軒)'인데 그 원본은 망사원 안에
있는 '전춘이(殿春簃)'다. 소주 남쪽의 활가두(闊家頭) 골목에 있는 망사
원은 졸정원의 6분의 1밖에 되지 않는, 총면적 4,000m²의 비교적 작
은 원림이다. 하지만 규율을 엄격히 따른 경관 배치 덕에 건물이 많
아도 답답하지 않고 산수가 작아도 부족하다는 느낌이 들지 않아, 대

형 원림을 능가하는 원림의 전형으로 꼽힌다. 망사원은 주요 건물과 부속 건물이 명확하게 구분되면서도 그 안에 다양한 변화를 주었다. 원림 안에 또 다른 원림, 경관 밖에 또 다른 경관이 있는 심오한 초절정의 원림 예술인 것이다.

망사원은 처음에 남송 소흥(紹興)[7] 연간에 조성한 후 몇 차례 주인이 바뀌었다. 후에 청나라 광서(光緒)[8] 연간에 이르러 이씨 성을 가진 관료에게 귀속되었고 몇 번의 수리와 복원을 거쳐 오늘의 모습을 갖추었다.

망사원은 저택과 원림이 동서로 구분된 형태인데, 원림 안에 건축물의 숫자가 많고 집약되어 있는 것이 특징이다. 망사원 서부의 주요 경관인 연못도 크기가 400㎡에 불과해 이 좁은 환경에서 독특하고 특색 있는 원림을 조성하기까지 얼마나 어렵고 힘들었을지 충분히 짐작할 수 있다. 원림의 동쪽은 주거 용도로 쓰이는 저택인데 저택은 다시 내택과 외택으로 나뉜다. 저택의 정문으로 들어서면 중심축을 따라 문에 딸려 있는 건물인 문청(門廳), 가마처럼 생긴 교청(轎廳), 대청, 누각 등이 널찍하면서도 우아하고 정갈하게 들어서 있다. 건축물은 각각 가산이나 회랑, 창과 담을 이용해 독립된 뜰을 가지고 있어 조금도 비좁다는 느낌이 들지 않으며 소박하고 고즈넉한 느낌을 준다. 간송독화헌(看松讀畫軒)은 연못 북단에 자리 잡았는데 가산 한 개와 두 그루의 노송이 작은 뜰을 이루고 있다. 동북부에 있는 전춘이에는 북쪽에 태호석을 놓고, 매화, 대나무, 파초나무를 배치해 작은 절경을 만들었다. 꼿꼿이 서 있는 푸른 대나무와 매화 그리고 가산이 장방형의 창틀을 통해 한 폭의 아름다운 산수화를 이룬다. 이런 건축물은 그 자체로 상당한 미적 가치를 지니면서도 행랑과 돌길로 서로 연결되고 조화를 이루기 때문에 넓지 않은 공간 속에서도 여유로움까지 느낄 수 있다.

연못은 망사원 서쪽 중앙에 있는데 사면의 둘레가 20m에 불과하고 건축물이 그 주변을 둘러싸고 있다. 때문에 설계자는 연못에 근접한 건물에 상당한 노력을 기울여 공간이 넓어 보이는 효과를 냈다. 연못의 동쪽에 있는 팔각형의 월도풍래정(月到風來亭)은 달과 바람을 느낄 수 있는 정자라는 뜻인데 수면 위로 돌출되어 있어 연못의 주요 경관을 이룬다. 원림 서쪽에 위치한 사압랑(射鴨廊)은 주택 지역의 담장과 서로 이어져 있다. 저택에서 정자로 들어서는 순간 발아래의 연못과 건너편의 월도풍래정이 마치 신선의 세계에 들어온 듯한 착각을 불러일으키는 반면, 월도풍래정에서 바라본 저택 쪽의 풍경은 속세 속의 근엄함이다. 사압랑 앞에는 태호석을 쌓아 만든 가산이 있는데 높이는 주택 담장의 절반 정도이며 아래는 연못과 맞닿아 있다. 담장의 상반 부분에는 가창(假窓)으로 운치를 더했다. 하늘을 향해 날렵하게 뻗어 올라간 처마의 정자, 기암괴석으로 만들어진 가산, 담장 위의 가창, 암석 사이에 있는 초목 그리고 정자 앞의 노송은 담장을 배경으로 한 폭의 산수화를 이룬다. 담장의 단조로움과 높낮이의 부조화를 모두 날려버린 것이다. 연못의 남북 양쪽에는 각각 소산총계헌(小山叢桂軒)과 간송독화헌이 있는데 크기가 꽤 크다. 그래서 건물 앞에 가산을 만들고 물이 산석을 돌아나가게 해서 건물이 가산 뒤에 은밀하게 숨어 있는 듯한 느낌을 주었다. 연못의 서북, 동남 양쪽 부분은 물줄기가 좁아지고 작은 만을 이루며 석교가 가로지르고 있어 물의 시작과 끝을 가려준다. 이 때문에 고인 물의 느낌이 전혀 없고 오히려 생동감이 넘친다. 연못가는 산석으로 둘러싸이고 드문드문 정자가 배치되어 있으며 나무와 꽃이

소주 망사원의 평면도

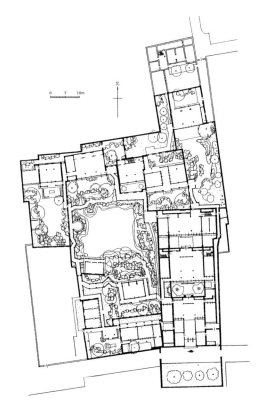

죽외일지헌(竹外一枝軒). 행랑
에 붙어 있는 낭옥(廊屋)으로,
북쪽 벽에는 동그란 동문이 있
고 창밖으로 집허재(集虛齋) 앞
의 대나무가 보인다.

힐수루(擷秀樓). 내택의 일부
분으로 내부 배치에 실용성을
강조했다.

있기 때문에 자연의 산수를 보는 듯한 느낌을 준다. 이렇게 독특하고 세심한 장인의 노력으로 작은 연못과 사방을 둘러싸고 있는 건축물이 자연스럽게 분리될 수 있었던 것이다.

청나라 말기 원림의 주인은 대부분 관료나 부유한 상인들이었다. 그들은 생활 속에서 향락을 누리고자 했기 때문에 다양한 유형의 건축물을 추구했다. 뿐만 아니라 건축이 차지하는 비율도 상대적으로 커서 전통 문인 원림이 추구해오던 단조로우면서도 산뜻한 분위기는 점차 사라지게 되었다. 하지만 망사원은 건물이 많고 조밀하면서도 자연 풍경의 우아한 정취를 그대로 간직하고 있어 동시대에 조성된 원림 중에서는 매우 성공적인 작품이라 할 수 있다.

개원(个園)

명청시대, 양주는 원림의 전성기를 맞아 온 성이 원림으로 넘쳤지만 몇 차례의 전란을 겪으면서 완전한 모습으로 남아 있는 원림이 그다지 많지 않다. 개원은 운 좋게 화를 면한 원림 중 하나다. 양주의 소금 재벌 황응태(黃應泰)의 저택에 딸린 원림인 개원은 청나라 가경(嘉慶)[9] 23년(1818)에 지었다. 황응태는 이 원림에 대나무가 많은 원림이라는 뜻으로 개원이라는 별칭을 붙였는데 대나무 죽(竹)자를 반으로 나누면 개(个)자가 되기 때문이라고 한다.

양주 성 안에 있는 개원은 황씨 저택의 뒤편에 있는데 전체 면적은 5,500m²이다. 원림 안에는 건물이 그다지 많지 않은데 주요한 건물로 칠간루방(七間樓房)을 꼽을 수 있다. 칠간루방은 소유주가 사교활동을 하던 2층 건물로 전체 원림을 내려다 볼 수 있다. 원림의 동남쪽에는 바람이 통하고 달빛이 스며든다는 뜻의 세 칸짜리 건물 투풍루월청(透風漏月廳)이 있어 겨울이면 새하얀 설경을 감상할 수 있다.

개원의 최대 특징은 원내에 돌을 쌓아 경관을 조성했다는 것이다. 칠간루방 서쪽에는 태호석으로 만든 대형 가산이 있다. 산 정상은 높

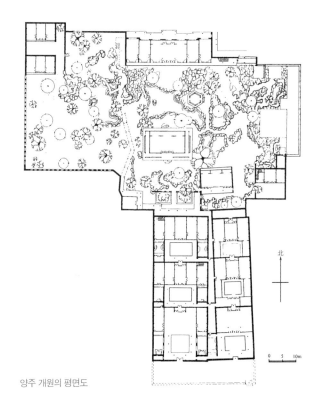

양주 개원의 평면도

北

0 5 10m

이가 약 6m이고 산자락과 연못이 만난다. 산중턱에는 동굴처럼 생긴 방이 있는데 깊고 서늘한 분위기를 자아내 여름에 더위를 피하는 데 아주 그만이다. 산 전체를 태호석으로 쌓아 만들었기 때문에 돌의 모양이 대부분 기묘하고 구멍이 뚫려 있으며 다양한 무늬를 연출한다. 전반적으로 회백색을 이루는 이 가산은 그 시원한 느낌 때문에 '하산(夏山)'이라는 이름을 얻었다. 칠간루방의 동쪽은 황석을 쌓아 가산을 만들었는데 최고봉의 높이가 7m에 달하며 웅장한 느낌의 봉우리, 고개, 구릉, 골짜기 등을 잘 표현했다. 산에 오르는 길은 구불구불하며 그 안에 계곡, 동굴도 있다. 이 가산은 서쪽을 향하고 있는데 윤기 있고 노란빛을 띠는 석재가 햇빛을 받으면 황금색으로 빛나기 때문에 '추산(秋山)'이라고 부른다. 투풍루월청은 원래 겨울에 설경을 감상하기 위해 만들어진 곳이기 때문에 앞쪽 담장 아래 그늘진 곳에 광택이 나는 하얀 산석을 놓아 마치 눈이 녹지 않는 만년설과 같은 분위기를 만들어냈다. 그래서 이곳을 '동산(冬山)'이라고 부른다. 이 세 개의 가산은 원림 대문 앞의 석순(石筍), 즉 '춘산(春山)'과 함께 춘하추동의 사계절을 나타내어 개원의 정수를 이룬다. 개원 안에는 작은 연못이 있는데 끝부분으로 갈수록 물줄기가 점차 얇아지다가 건물 아래 하산, 추산의 동굴로 사라져 끝없이 흐르는 물처럼 느껴진다. 연못가에도 태호석으로 축대를 쌓았다. 물에 아주 가깝게 배

개원의 입구. 원형의 동문이며
밖에는 길고 가는 대나무를 심
었다.

치된 것도 있고 구릉처럼 높이 쌓아 동굴을 만든 것도 있어 연못에
생기를 더한다.

청나라 후기의 사가 원림은 일부 관료와 상인들이 추구하던 호화
롭고 사치스러운 물질주의적 기풍에서 문인 원림의 정교하며 우아한
전통양식으로 점차 전환되었다. 개원도 그중 하나인데 원림 내에 성
공적으로 사계절을 담아내기는 했지만 장인들의 흔적이 너무 강하게
남아 자연 그대로의 정취가 다소 부족하다.

북방의 사가 원림

북방 사가 원림의 조성 배경

중국의 북방지역은 자연, 경제, 문화 등 여러 분야에서 남방과 차이가 있다. 북방지역은 겨울의 기온이 매우 낮기 때문에 식물의 성장에 제약이 있고 사계절 내내 푸른 나무를 보기 힘들다. 그래서 겨울철이면 소나무, 측백나무 등 일부 나무를 제외하고 교목, 관상목에 앙상한 가지만 남는다. 비록 봄, 여름이 된다 해도 품종이나 수량에서 남방의 다양함과 화려함에 크게 못 미친다. 또한 경제적으로도 농업 생산력이나 상업, 무역 모두 남방에 비해 규모가 작아 명청시대까지 경성의 식량과 일용품 모두 운하를 통해 남방으로부터 공급받아야 할 정도였다. 차이가 있다면 역대 왕조의 정치 중심지가 대부분 북방 — 특히 북경은 원, 명, 청 등 세 왕조의 수도였다 — 에 집중되어 있기 때문에 황족과 부유한 관리들이 많았다는 점이다. 이들은 정치권력은 물론 경제적인 특권도 가지고 있었기 때문에 사가 원림을 많이 조성할 수 있었다. 일부 황족과 귀족, 고위관리들은 문화수준이 비교적 높아서 전통적이고 문화적인 원림을 추구했지만 대부분은 여전히 호화롭고 사치스러운 분위기를 좋아했으며 자신의 고상한 이미지를 드러내기 위한 도구로 원림을 조성했다. 건축기술과 기풍에서도 북방과 남방은 차이가 뚜렷하다. 이 시기에 많은 강남의 설계가들이 북방으로 건너가 원림을 조성했지만 자연환경은 물론 정치, 문화적 배경과 건축양식의 차이로 인해 남방과는 다른 매우 이채로운 느낌을 준다.

관리와 부유한 상인 그리고 문인들의 원림 외에 북경에는 다른 종류의 사가 원림이 있다. 바로 왕부(王府) 내에 조성된 원림이다. 청나라 때에는 분봉제(分封制)*를 철폐했기 때문에 황족들이 지방을 다스리지 않고 모두 경성에 모여 살았다. 그들은 높은 관직과 후한 봉록

*分封制: 천자가 땅을 나누어서 제후를 봉하던 제도. 처음에는 광활한 영토를 다스리기 쉽게 하기 위한 것이었으나 후에는 세력 다툼과 분열이 원인이 된다.

경산(景山)에서 내려다본 자금성

은 받았지만 실질적인 권력은 갖지 못했다. 왕부는 이런 정치적 배경에서 황족에게 배정된 주택이다. 황족은 가족이 많고 또 부유했기 때문에 보통 사합원(四合院)*으로는 만족할 수 없었다. 그래서 여러 채의 사합원을 하나로 묶어 주택과 원림이 함께 어우러지는 거대한 형태의 왕부를 탄생시킨 것이다.

북경의 사가 원림은 주로 십찰해(什刹海) 연안과 서쪽 교외지역인 해정(海淀) 지역 일대에 모여 있다. 원나라 조정은 북경 지역의 물 부족을 해결하기 위해 서북부의 청해(清海), 옥천산(玉泉山) 지역의 물을 성으로 끌어들였다. 즉 서북부의 수계와 십찰해, 통혜하(通惠河) 운하를 하나로 연결해 도시의 물 부족을 해결하고 다른 한편으로는 강남의 물자를 성 안으로 바로 운반할 수 있게 한 것이다. 그 결과 십찰해일대는 북경에서 가장 발달한 상업중심지로 부상했다. 하지만 명청

*四合院: 비교적 한랭한 북부의 화북(華北) 지방에 주로 분포하는 주거유형이다. 건물이 'ㅁ'자 형을 이루며 마당을 둘러싼 형태이다. 사합원은 본래 한족의 주거유형으로 역사가 길고 가장 대표적인 주거 형태라고 할 수 있다. 그중 북경 사합원이 가장 전형적이다.

불교 명산 오대산(伍臺山)

시대에 이르러 통혜하의 물이 점차 줄면서 북쪽으로 이동하는 배들은 북경성 남쪽 교외지역에 있는 부두에만 정박할 수 있게 되었다. 그래서 십찰해는 번영했던 과거와 달리 수역만 남게 되었다. 하지만 이곳은 물이 맑고 투명하여 수질이 좋았기 때문에 연꽃, 마름 등이 잘 자랐고 새와 꽃이 가득했다. 이렇게 유리한 환경 조건을 배경으로 반경 1~1.5km 안에 많은 사가 원림이 자리 잡게 됐다.

북경의 서북 교외지역에는 향산(香山)을 중심으로 하는 수안산맥(壽安山脈)이 있고 그 근방에는 옥천산(玉泉山)과 옹산(瓮山)이 있다. 이 일대의 가장 큰 특징은 물이 풍부하다는 것이다. 옥천산에는 예로부터 샘이 많았고 부근의 평원에서도 땅을 90cm 깊이만 파면 물을 볼 수 있었다. 옹산은 과거에 호수였기 때문에 옹산박(瓮山泊) 혹은 서호(西湖)라고 일컬었다. 서북 교외는 물이 많아 '해정(海淀)'이라는 이름을 얻었는데 북경에서 가장 중요한 쌀 생산지일 뿐 아니라 강남 수향의 특색을 지닌 풍경구로도 유명하다. 명나라 때의 관료, 귀족, 문인들은 이곳의 자연환경을 바탕으로 원림을 조성했는데 그중에서도 규모가 가장 크고 유명한 것으로는 청화원(淸華園)과 작원(勺園)이 있다.

청화원은 명나라 황족의 사가 원림으로 면적이 800,000m²에 이르며 이화원의 동쪽이자 원명원(圓明園)의 남쪽에 위치한다. 작원은 명나라 때의 유명한 시인인 미만종(米萬鍾)[10]의 사가 원림으로 명나라 만력(萬曆)[11] 연간에 지어졌다. 수경 위주의 원림인 작원은 건축양식이 단조롭고 산뜻하면서도 소박하여 전통 문인 원림의 기풍을 따랐음을 알 수 있다.

청나라 때는 명나라가 남긴 사가 원림을 그대로 조정에 귀속시킨 후 다시 여러 황족, 귀족, 관료들에게 나눠주었다. 이렇게 황가 원림 주변에 위치한 사가 원림을 황족이나 귀족에게 하사하면서 서북 교외지역에는 거대한 원림 지구가 형성되었다.

북방 명원(名園) 감상

공왕부(恭王府) 화원

공왕부 화원은 췌금원(萃錦園)이라고도 하는데 십찰해 서쪽에 있는 류음(柳蔭) 거리에 있다. 북경성 내에 있는 수십 개의 왕부 화원 중 규모가 가장 크고 보존이 잘 된 원림이며 현재 화원의 형식으로 대중에게 공개된 유일한 왕부이기도 하다. 공왕부의 화원은 정교하고 경치가 뛰어나기로 유명한데 중국 고전문학의 최고봉인 『홍루몽(紅樓夢)』에 등장하는 대관원의 모체라는 설도 있다.

공왕부는 청나라 건륭 연간에 활약했던 조정 대신 화신(和珅)의 저택이었는데 나중에 조정에 몰수당해 왕부로 바뀌었다. 공왕부는 건축과 화원 두 구역으로 나뉘는데 건물이 앞에, 화원이 뒤에 있다. 화원은 약 28,000m²로 내부에 31개의 고건축물을 포함하고 있다. 나중에 이곳의 주인이 된 공친왕(恭親王)[12] 혁흔(奕忻)이 화원을 중건하기 위해 100여 명의 장인을 초빙하면서 강남 원림의 기풍과 북방 건축양식을 융합하고 동서양의 건축요소를 집약시킬 수 있었다고 한다. 화원은 크게 중로, 서로, 동로로 나누어지며 수려하고 지극히 정교한 멋을 자랑한다.

중앙 문을 통해 화원으로 들어가면 가장 먼저 보이는 것이 바로 한백옥(漢白玉)*으로 만들어진 서양식의 아치형 석문이다. 석문의 정면

*漢白玉: 하북(河北) 방산현(房山縣)에서 나는 아름다운 흰 돌. 궁전건축의 장식재료로 쓰임

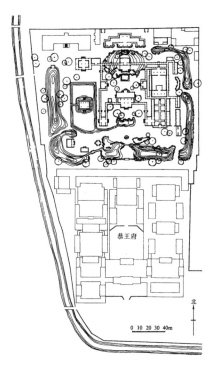

공왕부 화원 평면도

에는 5m 높이의 독락봉(獨樂峯)이 있는데 마치 은은한 구름이 동글동글 모여 있는 듯한 모양이다. 독락봉의 뒤편은 안선당(安善堂)인데 석재로 쌓은 받침대 위에 올려진 형태다. 양쪽에 회랑이 휘둘러져 있어 동쪽, 서쪽의 건축물과 연결되기 때문에 남향의 삼합원(三合院)을 형성한다.

청나라 때 북경에서는 저택 안에 물을 끌어들이려면 황제의 허가가 필요했다. 공왕부는 수맥을 끌어들이는 것을 허락받은 몇 안 되는 왕부 중 하나다. 화원 안에는 푸른 빛깔의 응회암(凝灰巖)*으로 테두리를 쌓아 만든 박쥐 모양의 연못이 있다. 이 연못은 박쥐 강이라는 뜻의 '복하(蝠河)'로 불리다가 나중에는 '복지(蝠池)', 즉 박쥐 연못으로 바뀌었다. 연못 주위에는 느릅나무가 있는데 느릅나무 잎이 떨어지는 계절이 오면 동전 모양의 느릅나무 잎이 온 연못을 뒤덮는다. 복지에 돈 모양의 나뭇잎이 가득 차는 것은 복(福)과 재물이 넘쳐나는 모습을 형상화한 것이다.

중앙의 건물을 지나 정원으로 들어가면 적취암(滴翠岩)이라는 석산이 나오는데 췌금원에서 가장 손꼽을 만한 경관이다. 석산 앞에는 작은 연못이 있고 연못 뒤에는 비운동(秘云洞)이 있는데 동굴 안에는 건륭황제가 친필로 쓴 복(福)자 비석이 있다. 적취암의 북쪽에는 박쥐 모양의 건물인 복청(蝠廳)이 있다. 원림 대문, 안선당, 적취암, 복청 앞뒤로 있는 주요 건축물들은 모두 공왕부 건물군의 중심축에 있다. 이는 전형적인 원림 구도를 따른 것이다.

췌금원의 동로에는 건물군이 밀집되어 있다. 남쪽의 절반에 해당되는 곳에는 나란히 위치한 장방형의 사합원이 있고, 서쪽의 긴 뜰에는 대나무를 심었다. 동로의 북쪽에는 큰 연극무대가 있는데 대청과 공연을 감상하는 대강당, 무대 앞, 무대 뒷부분이 모여 대규모의 건

*凝灰巖: 화산이 분출할 때 나온 화산재 등이 굳어져 생성된 암석

좌 각종 식물을 심어 야생의 느
낌을 주는 공왕부 화원 내의 채
소밭

우 공왕부 화원 동로의 문

물을 이룬다. 동로의 남단에는 아치형으로 모양을 낸 수화문(垂花門)
과 그 문으로 연결된 뜰이 있는데 그중에서도 비추정(泌秋亭)이 가장
아름답다. 비추정은 유배정(流杯亭)이라고도 불리는데 정자 안에 폭
10cm의 도랑이 정(亭)자의 형상으로 완만한 굴곡을 이루며 흐른다.
흐르는 물에 술잔을 띄우는 문인들의 유배(流杯) 놀이를 위한 것이다.

서로는 물과 산을 위주로 자연의 풍광을 모방하고 소수의 건물만
을 배치했다. 호심정(湖心亭), 유운거(流雲居), 초향경(樵香徑) 등이 원내
에 산발적으로 분포하는데 호심정 가운데에는 세 칸의 작은 누각 시
화방(詩畵舫)이 있다. 호숫가에는 소선정(小船亭)이라는 정자가 있는데
맑은 물결이 일고 산과 나무의 그림자가 아름답게 비치는 낭만적인
곳이다.

췌금원은 왕부의 화원이기 때문에 보통 관료나 문인들의 사가 원
림에 비해 건물의 수가 많고 규모가 크며 배치가 규격화된 것이 특
징이다. 또한 문인 원림에서 보기 힘든 대청, 대강당이 있고 보통 관
료들의 사가 원림에서 볼 수 없는 커다란 연극무대가 있다. 췌금원은

명청시대의 사가 원림 | 57

화신(和珅, 1746~1799): 청나라 중기의 정치가. 매우 총명하고 능력도 있어 건륭제의 총애를 받고 고속 승진하였으나 탐욕이 지나쳐 어마어마한 뇌물을 모으고 권력 횡포가 심했다. 가경제가 등극한 후 스스로 목숨을 끊게 하고 재산을 몰수하였는데 그 재산이 국고보다 더 많았다고 전해진다.

명실상부한 왕부의 원림이었기 때문에 설계가는 주택 지구와의 차별화를 위해 다양한 방법을 동원했다. 첫째, 전체적인 환경 구성에 심혈을 기울였다. 문을 통해 원림으로 들어서면 양쪽에 푸른 응회암으로 쌓아 올린 가산이 있는데 산에는 초목을 심었고 가산 사이로 오솔길을 만들었다. 게다가 두 개의 산이 모두 동서로 솟아 있고 또 봉우리끼리 연결되어 정말 깊은 산중에 와 있는 듯한 착각을 불러일으킨다. 또한 동로와 서로 바깥쪽에 토산을 쌓아 외부의 소음으로부터 원림을 차단시키고 비교적 폐쇄적인 형태를 이루었다. 둘째, 부분적인 자연화에 신경 썼다. 중로와 동로의 규격화된 뜰에 자연스러운 형태의 연못과 산, 암석을 배치하고 대나무와 노송, 회화나무, 관목과 화초를 심어 건물 배치로 인한 엄숙함을 완화시킨 것이다. 셋째, 서로에 산과 물을 위주로 하는 경관을 배치해 산뜻하고도 청명한 분위기를 불어넣었다. 이 세 가지 요소로 인해 공왕부의 화원은 황족의 기품은 물론 산수의 아름다움을 고스란히 담아낼 수 있었다.

희춘원(熙春園)

희춘원은 원명원 동쪽, 청화대학교(清華大學校)* 안에 위치하는 원림으로 청나라 강희제 때 조성되었고, 도광제(道光帝)[13]가 두 황자에게 하사해 거주하게 했다. 희춘원은 동편과 서편으로 나뉘는데 동편은 청화원(清華園), 서편은 근춘원(近春園)이다.

근춘원과 청화원은 모두 평지에 조성된 원림으로 풍부한 지하수원을 원천으로 땅을 파서 인공 연못을 만들고 흙을 쌓아 토산을 만들었다. 하지만 규격이나 조경 면에서 완전히 똑같지는 않다. 근춘원에는 원형의 연못이 있는데 중앙에 인공 섬을 만들어 섬에 건물을 모아놓았다. 사면에는 연못을 팔 때 생긴 흙으로 작은 토산을 만들었는데 전체적으로 보면 인공 섬을 연못이 둘러싸고, 연못을 다시 가산이 둘러싸는 형태가 된다. 연못은 기본적으로는 원형이지만 수면이 좁은

*清華大學校: 중국 최고 명문 대학 중 하나. 의화단(義和團) 사건에 대한 배상금을 재원으로 하여 1911년 미국유학생 양성기관으로서 설립한 학교이다. 당초에는 청화원(清華園)이라 하였다가 후에 청화학교로 개칭하였으며, 1928년 국립대학으로 개편되었다. 1952년 중국정부가 결정한 '전국 공학원(工學院) 조정방안'에 따라 공학부를 집중 육성했다.

고요하고 우아한 청화원 내부

연못가를 황석으로 장식한 근
춘원의 연못 풍경

곳도, 넓은 곳도 있으며 주변은 황석으로 꾸며 다채로운 모습이다. 또
한 수역에는 연꽃을, 연못 주변에는 회화나무, 버드나무를 심어 생기
를 불어넣었다. 청화원의 내부는 건물이 앞에 있고 원림이 뒤에 배치
된 구조다. 건물은 규격화된 건물군인데 대문을 통해 안으로 들어가
면 홀을 지나 뒤편의 공(工)자형 대청이 이어진다. 그 뒤에는 남북으
로 이어진 두 개의 뜰이 앞뒤로 있고 사면은 회랑으로 연결되어 있
다. 이 중심축의 동, 서 양쪽에도 나란히 뜰이 두 개 있는데 그 가운

근춘원 연못가의 회랑에 이어
진 작은 정자. 잠시 쉬어 땀을
식히는 휴식 공간이다.

데로 회랑과 원형, 부채꼴형의 동문이 뚫려 있으며 소나무, 측백나무
등의 상록수와 해당화, 배, 목련 등의 화목을 심었다. 중로 뒤편으로
는 가산이 펼쳐져 있어 조금도 폐쇄적인 느낌이 들지 않고 원림 특유
의 정취를 나타낸다. 이 건물군의 북쪽에는 커다란 연못이 있는데 그
둘레를 황석과 나무가 둘러싸고 있다. 또한 연못의 동쪽에는 작은 정
자가 하나 있고, 남쪽에는 공자형의 월대가 물 위로 튀어나와 있어서
연못을 아주 가까이 감상할 수 있다. 이렇듯 희춘원은 원림의 규모가
크지 않고 사면이 비교적 독립적이면서도 산과 물이 가까워 마치 자
연에 나와 있는 듯한 느낌을 주기 때문에 '수목청화(水木淸華)'라는 애
칭으로 불리기도 한다.

　　1860년 영국·프랑스 연합군이 북경을 침략해 원명원을 불태워
버렸다. 청나라 동치(同治)[14] 연간에 조정은 근처의 원림을 철거하고
그 자재를 이용해 원명원을 중건하기로 했다. 희춘원의 건축물은 모

두 이때 철거된다. 원명원의 서부에 있는 근춘원의 건물은 모두 사라졌지만 다행히 동부 청화원의 건물은 난을 피할 수 있었다. 하지만 그마저도 거주하는 사람이 없어 점차 황폐해지고 말았다. 1909년, 청나라 조정은 미국 유학 준비를 위한 학교를 만들기로 했는데 희춘원 옛터에 청화원의 건물들이 여전히 남아 있는 데다 뜰의 규모가 매우 큰 것을 발견하고 그곳에 학교를 짓기로 결정한다. 학교 이름은 청화학당이었고 현재 청화대학교의 전신이다. 거의 100년 동안 청화원은 여러 건물을 지었지만 건물의 기본 위치와 정원 및 뜰의 배치는 변하지 않았고 원림 내의 측백나무 두 그루와 차곡차곡 쌓인 암석까지도 그대로 남아 있다. 오늘날 청화대학교를 거닐면 청화원의 건축물이 대부분 청나라 양식으로 복원되어 고대 원림의 풍모를 되찾았다는 것을 알 수 있다. 근춘원의 경우 건물은 이미 훼손되고 없지만 호수와 산은 여전히 남아 있다. 1927년 청화대학교에서 교편을 잡고 있던 문학가 주자청(朱自淸)[15]은 유명한 산문 『하당월색(荷塘月色)』을 지었다. 이것은 그가 한여름 밤 책을 보다가 근춘원의 호수를 거닐며 쓴 작품으로, 선인들의 솜씨로 빚어낸 전통 원림의 심오한 의미는 시대를 초월한다는 의미를 담고 있다.

사가 원림의 조성 기법

*天井院: 바닥을 파서 앉히는
형태의 집

남방, 북방은 물론 문인, 관료, 귀족, 재벌 등 누구의 소유이든 관계
없이 사가 원림이라면 공통적인 특징이 있다. 별로 넓지 않은 공간에
산수의 정취를 집약시켜 놓았다는 것이다. 고대의 사가 원림을 살펴
보면 세대를 초월해 원림 조성의 원칙이자 규범으로 자리 잡은 몇 가
지 요소를 쉽게 찾아볼 수 있다.

융통성 있고 다양한 배치 기법

고대 중국의 건축물은 겉으로 볼 때 외관이 단순하고 규모도 그다
지 크지 않다. 하지만 대부분의 건축물을 한곳에 집약시켜 건설했는
데 이것은 서양과는 다른 중국 고대 건축만의 특징이다. 고대 문헌기
록과 현재 남아 있는 건축물의 실례를 살펴보면 아주 오래전부터 뜰
을 포함한 형식을 취했음을 알 수 있다. 단층의 건물이 뜰을 둘러싸
고 주요 건축물은 중앙에, 그 양쪽으로 부속 건물이 있으며 중심축을
기준으로 대칭 구조를 이룬다. 이런 건축물 조합은 중국 전역의 주택
에 광범위하게 응용되었다. 북방의 사합원, 남방의 천정원(天井院)*이
바로 그런 형태다. 주택 외에 한
족들이 건설한 불교 사찰이나 각
지의 관아 및 황제의 능묘와 궁
성건축도 대부분 이와 같은 규격
화된 대칭 구조를 이룬다. 하지만
원림은 이런 형식에 얽매이지 않
았다. 제한된 범위 내에서 효과적
으로 자연환경을 만들어내기 위
해 규격화된 기풍을 깨뜨리기도
했으며, 융통성 있고 다양한 배치

청나라 시기의 그림. 중국의 고
전 명작인 『홍루몽』에 나오는
〈대관원도(大觀園圖)〉(일부)〉에
근거해 당시 관료와 귀족 가정
의 상황을 묘사했다.

건축 내의 사물 배치는 원림의
경관과도 호응을 이룬다.

를 택한 것이다.

원림 건축도 다른 건축과 마찬가지로 기능성이 요구된다. 사가 원
림은 주거, 독서, 손님 접대, 오락활동 등 다양한 기능이 필요했기 때
문에 건물의 배치나 모양에 앞서 우선적으로 기본 기능을 갖춰야 했
다. 침실은 외진 곳에 있어야 하며, 서재는 조용해야 하고 손님 접대
는 편리해야 하며, 휴식과 오락을 할 때는 자연을 즐길 수 있어야 했
다. 그 밖에도 원림은 아름다워야 했다. 실제 자연의 산수와 견줄 수
있을 정도의 미적인 부분도 고려대상에 넣어야 했던 것이다.

원림의 건축 배치에는 성경(成景)*과 득경(得景)**이 필요했다. 즉 건
축물의 위치나 이미지로 보아 관람할 가치가 있는 경관이 되어야 하
며, 그곳에서 또 다른 경관을 감상할 수 있어야 한다는 것이다. 무석
의 기창원에는 중부 동쪽의 연못가에 지어함이라는 주요 건축물이
있다. 그 자체로도 아름다운 경관을 이루지만 지어함에 들어서면 서
쪽의 가산을 모두 관람할 수 있다는 점이 너 부각된다. 원림 서북쪽

*成景: 보이는 경관

**得景: 보는 경관

소흥동호(紹興東湖). 건물, 작은 다리와 자연경관의 조화를 느낄 수 있다.

곡랑: 중국 정원에는 곡랑을 쉽게 찾아볼 수 있다. 오히려 곧게 쭉 뻗은 직랑은 찾기 힘들다. 이것은 대평원에 사는 사람들의 심리를 반영한 것이라 한다. 평원에서 항상 곧고 광활한 길만 걷다 보니 원림에서만큼은 의도적으로 만든 멋들어진 굽은 길을 원했던 것이다.

끝자락의 가수당(嘉樹堂)도 마찬가지다. 가수당은 원림에서 가장 높은 곳에 자리 잡은 주요 경관임과 동시에 아래로 원림의 수상 경관은 물론 더 나아가 원림 밖의 산과 불탑까지도 한눈에 볼 수 있다. 비슷한 배치는 소주의 졸정원에서도 볼 수 있다. 연못가에 있는 원향당과 인공 섬 안에 있는 설향운울정은 각각 그 자체로 주요 경관으로 꼽히며 그 안에 들어가면 연못은 물론 주변경관을 모두 감상할 수 있다. 뿐만 아니라 두 건물이 물을 사이에 두고 서로 마주보며 대칭을 이뤄 또다시 새로운 경관을 만들어낸다.

원림 안에 자리 잡은 건축물은 결코 고립된 존재가 아니며 주변의 산과 물, 식물과 함께 하나의 경관을 이룬다. 연못의 중앙 인공 섬에 있는 졸정원의 설향운울정 역시 독립된 정자가 아니다. 사방이 꽃과 나무로 둘러싸여 있고 석산이 밑을 받치고 있으며 여름이면 온 연못

좌 곡랑은 그 자체가 선의 아름
다움과 변화를 지닌 경관이며
크지 않은 원림의 감상에 리듬
감을 심어준다.

우 가산 안에 만들어진 돌길

을 가득 채운 연꽃까지 가세해 절경을 이룬다. 망사원의 연못 동쪽에
는 수면 위로 돌출된 사압랑이 있고 그 남쪽으로는 가산이 있다. 또
한 사압랑 아래 석재 사이에는 사계절의 색감을 느낄 수 있는 초목들
을 심어 새하얀 담장을 배경으로 아름다운 그림을 만들어낸다. 이렇
게 짜임새 있는 배치로 산수와 건축은 하나의 볼거리를 형성하고 각
각의 볼거리가 모여 큰 경관을 이루게 된다.

중국의 원림은 관람, 유락, 거주 등이 주목적이었으며 길, 통로를
통해 원림 내의 볼거리와 경관을 연결했다. 또한 경관에 변화를 주
기 위해 통로와 길은 대부분 굽이지고 좁게 만들었다. 하늘이 뻥 뚫
린 좁은 돌길도 있고 비와 햇볕을 막을 수 있는 회랑도 있다. 이런 회
랑은 산을 따라 그 높이가 달라지는데 어떤 곳은 좁고 구부러져 있으
며, 어떤 곳은 산세에 따라 기복이 있고, 또 어떤 곳은 물가에 돌출되

랑(廊): 처마 아래의 길, 건물
안의 통로 혹은 단독으로 서 있
는 통로를 말한다. 설치되는 위
치에 따라 건물을 둘러 돌아가
는 회랑(回廊), 감상을 위한 유
랑(遊廊), 걷기 위한 주랑(走
廊), 물 위에 놓인 수랑(水廊) 등
으로 나뉘고 형태에 따라 곡랑
(曲廊), 직랑(直廊), 공랑(空廊),
쌍층랑(雙層廊) 등으로 구분된
다. 특히 공랑은 양쪽이 뚫린 양
면 공랑과 한쪽이 벽으로 막힌
단면 공랑으로 나눌 수 있다.

강남 원림에서 자주 볼 수 있는
지그재그형의 곡랑(曲廊)

어 수상 회랑이나 회랑 다리를 이룬다. 원림 설계가는 이런 구부러진
회랑이나 통로를 따라 교묘하게 다양한 형태의 볼거리를 배치한다.
정자나 누각, 혹은 커다란 고목, 파초, 참대나무가 있거나 암석을 쌓
거나 혹은 가산 꼭대기나 연못가, 길이 끝나는 곳에 볼거리를 배치했
다. 경관의 배치가 조화롭고 적절하면 그 자체가 다시 또 하나의 경
관을 이룬다. 원림을 감상하는 사람은 통로를 따라 걸어 나가면서 계
속 참신하고 다양하게 변화하는 볼거리와 마주하기 때문에 조금도
지루하거나 단조롭다는 느낌을 받지 않는다.

제한된 범위 내에서 관람효과를 극대화하기 위해서는 관람용 회
랑인 유랑(游廊)과 담장을 이용해 공간을 분할하고 새로운 경관을 창
출해야 한다. 이렇게 만들어지는 담장은 그다지 높지 않다. 동문과
구멍만 뚫린 공창(空窓)을 여러 개 만들어 담으로 막혀 있으면서도 완
전히 폐쇄되지 않은 느낌을 준다. 공랑(空廊)과 아름다운 담장은 원림
내의 경관 사이를 구분하면서도 또 서로 연결하는 역할을 한다. 어느
정도 규모가 있는 원림인 경우 설계가는 최적의 관람노선을 적어도
한 개 이상 설정한다. 대문에서 시작해 길을 따라 걸으면서 돌길을
지나 연못가를 감상하고, 다시 동문을 통해 산길로 접어들거나 대청

으로 들어간다. 또는 정자에서 조금 쉰 후 다음 경관으로 걸음을 옮긴다. 이렇게 다양한 노선을 설정해 관람시간과 공간효율을 극대화하는 것이다.

소주의 유원은 규모가 큰 사가 원림에 속한다. 유원은 정문이 양쪽의 건물 사이에 끼어 있고 폭이 8m에 불과하지만 대문에서 원림 구역까지 가는 길은 40m나 된다. 설계가는 그 길고 좁은 공간에 곡랑으로 연결된 세 개의 공간을 배치했다. 대문으로 들어서면 제일 먼저 작은 마당이 보이고 마당을 지나 다시 곡랑을 거치면 꽃과 나무를 감상할 수 있는 두 번째 공간이 나온다. 다시 작은 회랑을 지나면 세 번째 공간이 나오는데 담장 아래 고목이 있고 회랑과 연결된 작은 홀의 벽에는 누창이 가지런히 줄지어 나 있다. 그 창밖에 비로소 유원의 본체가 등장한다. 이곳에서는 건물, 회랑, 벽이 다양한 공간을 이루고 고목과 화초들이 절묘하게 배치되어 운치가 절정에 이른다.

자연 산수의 모방
중국 고대 초기의 원(苑)과 유(囿)는 실제 산과 물을 이용해 만들어

좌 황석과 토산으로 만든 연못
가의 작은 동산

우 구멍이 뚫린 태호석으로 만
든 동굴

진 최초의 원림이다. 자연의 산수를 모방하거나 축소하여 원림을 조성하는 기법은 위진남북조시대 이후에 나타났다. 송나라 휘종황제는 황가 원림인 간악에 오악의 웅장하고 험준한 봉우리를 표현해 인공 산수 기술을 최고조로 끌어올렸다. 명청시대에 와서는 원림 조성의 가장 중요한 부분으로 자리 잡았다.

우선 산부터 살펴보자. 자연의 산은 높고 낮은 봉우리가 서로 연결되어 있고 수목이 가득 덮인 빽빽한 숲이 있다. 원림에 있는 토산은 인공적인 부분을 없애기 위해 두 개의 봉우리가 나란히 있거나 똑같은 높이의 산이 늘어서 있는 것을 금기시했으며 경관의 필요에 의해 가산의 높이와 크기를 결정했다. 원림의 경관이 개방적인지, 또 깊고 심오한지는 산의 크기와 개수, 산세에 따라 달라진다. 산은 토산, 석산이 있고 흙과 돌을 모두 이용하는 경우도 있다. 태호석으로 만든 산은 바람이 잘 통해 발랄한 느낌이 들며 황석으로 만든 산은 무게감이 있으면서도 웅장하다. 토산에는 꽃과 나무를 심어 빽빽이 우거진 숲의 아름다움을 드러내고 산 중간에 드문드문 돌을 놓아 마치 자연 산과 같은 느낌을 준다. 석산 역시 산봉우리 사이에 흙을 쌓고 꽃과 나무를 심어 생기를 불어넣는다. 자연의 산에는 계곡과 골짜기, 오솔길, 동굴 등이 있기 마련이다. 때문에 원림의 가산도 그런 요소를 유입하려고 애썼다. 무석의 기창원과 양주의 개원에는 모두 석산이 있는데 산의 규모는 크지 않지만 골짜기, 계곡, 동굴이 있어 마치 진짜 산에 와 있는 듯한 느낌을 준다. 일부 사가 원림의 경우 돌을 쌓아 사자나 다른 야생동물의 모양을 본뜬 석산을 만들기도 한다. 기창원의 입구에는 아홉 마리의 사자라는 뜻의 구사대(九獅臺)가 있는데 태호석을 이용해 뛰어오르거나 엎드려 있는 다양한 형태의 사자 무리를 표현했다. 이는 자연의 산도 마찬가지다. 특히 농촌의 경우 마을 주변에 '사자산', '호랑이산', '코끼리산' 등이 많은데 대부분 모양이 그 동물과 비슷하기 때문에 이런 이름을 붙인다. 하지만 대개가 억지스러운 감이 있다.

연못이 내택과 건물 밖의 풍경을 교묘하게 연결했다.

불규칙한 연못가는 그다지 크지 않은 수면에 생동감을 불어넣는다.

사자와 코끼리가 대문을 지켜주고 호랑이가 물 입구를 지켜주기를 바라는 마음이 더 클 뿐, 실제로 산이나 봉우리가 동물과 닮은 경우는 드물다. 소주 원림의 사자림(獅子林)은 원내에 있는 사산(獅山), 즉 사자산 때문에 붙은 이름이다. 사산은 태호석으로 축대를 쌓고 산 위에는 골짜기와 계곡을 만들었는데 그 모양이 마치 사자가 엎드려 있는 것과 비슷하다. 아쉬운 점은 산에 석굴, 돌길이 있지만 높낮이에 변화가 없어 아무나 쉽게 그 안을 지나다닐 수 있게 되어 있다는 것이다. 멀리서 보면 마치 사람과 짐승이 서로 뒤엉켜 있는 것처럼 보여 매우 해학적인 느낌을 준다.

이번엔 물을 살펴보자. 사가 원림은 대부분 산이나 계곡이 아닌 성 안에 지어지기 때문에 물이 많기로 유명한 강남일지라도 원림 안에는 땅을 파서 물을 채운 인공 연못으로 강이나 호수를 대신한다. 구불구불 길게 흘러가는 강, 수면이 맑고 아름다운 호수와 저수지 등을 모방했기 때문에 인공 연못도 규격화된 장방형이나 원형을 탈피하고 굴곡을 주어 자연스러움을 추구했다. 수면이 넓은 경우에는 작은 다리를 놓아 다양한 크기로 수역을 나누고 수상 풍경에 변화를 주었다. 또한 연못의 시작과 끝 부분은 좁고 가늘어지다 건물이나 정자, 누각의 아랫자락으로 사라져 고인 물이 아닌 흐르는 물처럼 보이게 했다. 연못 가운데는 연꽃을 비롯한 다양한 식물을 심어 생기를 불어넣되 연못을 가득 채우지는 않았다. 연못에 비친 건물의 그림자를 감상하기 위해서다. 연못가 역시 규격화된 모양 대신 다양한 형태를 취했다. 황석이나 태호석을 주변에 쌓아 높낮이에 변화를 주기도 했는데, 높은 곳에서는 연못 주변 사방의 경치를 감상할 수 있고 낮은 곳은 물에 가까워 물놀이를 즐길 수 있다.

자연에서는 산과 물이 서로 조화를 이루는 경우가 대부분이다. 귀주성(貴州省) 동인현(銅仁縣)의 구룡동굴(九龍洞窟)은 동굴 안의 아름다운 종유석으로 유명해진 곳인데 이 경관을 흉내 낸 사가 원림이 있다. 바로 양주의 개원이다. 개원의 하산은 연못가에 만들어졌고 산 아래쪽에 동굴이 있으며 그 깊이를 알 수 없도록 설계되어 있다. 또한 연못 물이 동굴 안으로 구불구불 돌아 들어가기 때문에 시원한 하산의 정취가 한층 더 깊어진다.

산과 물은 자연의 영혼이라고 해도 과언이 아니다. 산이 있으면 영혼이 있고 물이 있으면 생명이 있다. 산수에 대한 심도 깊은 이해가 있을 때 비로소 그것

유원 입구에 있는 다양한 무늬의 누창

하늘을 향해 바짝 치켜 올라간
상해 예원(豫園) 권우루(卷雨
樓)의 처마. 누각의 이름은 왕
발(王勃)의 『등왕각시(藤王閣
詩)』에서 따왔다.

을 축약하고 아름답게 다듬을 수 있으며 원림 안에 자연의 정수를 담
아낼 수 있는 것이다.

세심한 세부 경관의 처리

사가 원림은 황가 원림처럼 공간이 크지 않기 때문에 웅장한 건물
이 없다. 대신 함축적이고 굽이진 공간 안에 여러 건물과 산수, 식물
을 담아낸다. 때문에 관람, 유락, 거주의 용도에 맞게 전체 배치에 세
심한 정성을 들이고 건물과 산수, 식물의 세부 처리에도 많은 시간을
투자했다.

우선 건축물부터 살펴보자. 사가 원림 안에 세운 건축물의 유형은
매우 다양하다. 손님 접대용으로 쓰는 청(廳)이나 당, 독서와 시화를

좌 호숫가에 세운 정자들은 회랑을 통해 서로 연결된다.

우 사가 원림에서는 아름다운 무늬의 창문을 적절하고 간결하게 배치한다.

즐기기 위한 누헌(樓軒), 물가에 지어진 사(榭), 방(舫) 그리고 정자, 회랑, 다리 등이 있다. 정자만 하더라도 사각형, 직사각형, 원형, 오각형, 육각형, 팔각형은 물론 매화꽃형, 십자형, 타원형 등 종류가 다양한데 각각 원림의 적절한 위치에 두어 그 자체가 아름다운 경관이 되기도 하고 기존의 경관에 새로운 관찰점이 되기도 한다. 양주 수서호 취대(吹臺)에는 사방정(四方亭)이 있는데, 청나라 건륭제가 강남을 순행할 때 이곳에서 낚시를 즐겼다는 기록이 있다. 정자의 사면은 모두 흙벽이며 원형의 동문을 뚫어 문 밖으로 호수 건너편의 오정교(伍亭橋)가 보이고, 반대편의 동문으로는 멀리 라마탑(喇嘛塔)이 보인다. 동문을 액자 틀로 하여 절경의 산수화 두 폭이 양쪽 벽에 걸려 있는 듯한 느낌이다. 북방 왕부의 원림과 환관들의 저택을 제외한 강남 지역 그리고 대다수 문인 원림에는 청, 당, 관, 루 등 다양한 형태의 건물이 들어서 있지만 장식 면에서는 통일된 기준이 있다. 그것은 바로 유리기와*를 쓰지 않고 들보에 화려한 색채를 쓰지 않으며, 문과 창틀에 붉은 칠을 하지 않는 것이다. 대신 검은 기왓장과 갈색의 들보, 흰 담

*채광 지붕에 쓰는, 유리로 만든 기와

장과 회색의 벽돌 등 소박하고 차분한 색조를 써서 건축과 산수, 식물이 하나로 조화를 이룰 수 있게 했다.

건물과 담장에 있는 문은 네모난 문, 동그란 동문, 팔각문, 매화문을 비롯해 여의형(如意形) 또는 다양한 꽃병 모양의 문이 있다. 창문은 보통의 네모난 창문 외에 화려한 문양의 유리창, 격자무늬의 구멍이 뚫린 누창과 특정한 틀로 구멍만 낸 공창 등이 있다.

창살의 무늬와 공창의 종류는 소주 일대의 원림에서만도 100여 종이 넘는다. 이런 다양한 형식의 창문들은 멀리서 보면 흰 종이 위에 그려진 꽃 같고 가까이 보면 세심한 노력을 기울여 만든 예술작품이다. 창틀은 대부분 벽돌을 이어 붙여 만들었는데 정교하게 모양을 갈고 다듬었으며 테두리에도 선을 이용해 다양한 변화를 주었다. 창문의 문양도 도형, 동식물 등 매우 다양하지만 모두 벽돌과 진흙을 사용하였기 때문에 윤곽이 뚜렷하고 형상이 명확한 것이 특징이다. 이렇게 강남 장인들의 예술기법을 반영한 다양한 공예작품들은 강남 사가 원림의 정수로 꼽힌다.

좌 '조요고상(藻耀高翔)'이라
는 문구를 새긴 망사원의 문두
우 벽돌에 연극 장면을 조각한
문두

망사원은 대청과 힐수루를 마주보고 있는 담장의 대문에 각각 장
식용 문두(門頭)를 만들었다. 문두란 문 윗부분에 있는 장식인데, 대부
분 벽돌을 이용해 나무조각처럼 정교하게 꾸민 후 벽에 붙인다. 망사
원의 문두 중 하나는 좌우 들보에 건축물을 배경으로 인물이 등장하
는 연극 장면이 장식되어 있는데 여러 겹의 섬세한 조각을 이용해 인
물의 표정까지도 자세하게 묘사되어 있다. 또 다른 문의 문두 양측에
는 경쇠와 물고기 문양 등이 있다. 중국어의 경쇠(磬)는 길할 길(吉)자
와 발음이 비슷하고, 물고기는 남을 여(余)자와 발음이 비슷하기 때문
에 '길한 기운이 넘쳐 남음이 있다'라는 뜻을 담고 있다. 강남의 목공
예술은 그 정교하고 세밀함으로 명성이 높지만 이 두 개의 문두는 나
무가 아닌 벽돌로 절정의 예술미를 드러냈기 때문에 보는 이로 하여
금 찬사를 자아내게 한다. 회색의 벽돌 문두는 검은 칠을 한, 두 짝의
여닫이 문 위에 있는데 주변의 하얀 담장 때문에 전혀 사치스럽거나
세속적이지 않으며, 정교하고 섬세한 예술품처럼 보인다.

원림의 바닥에는 대부분 벽돌, 조약돌, 돌 조각, 기왓장 등을 깔았다. 재료 각각의 모양, 색채, 질감을 이용해 이채로운 바닥을 표현하기 위해서다. 자주 볼 수 있는 문양으로는 기하학적인 도형이나 식물 문양이 있고 사자, 사슴 등 동물을 표현하는 경우도 있다. 이런 다양한 문양의 바닥에 봄비가 내리고 나면 돌 틈새로 파란 풀이 자라기도 해서 인공과 자연이 어우러진, 맑고 깨끗한 생기를 느낄 수 있다.

동식물의 성장 추이와 속도는 지역마다 다르다. 강남은 식물품종이 북방보다 많고 다양할 뿐 아니라 생장기간도 매우 길다. 원림을 조성할 때 설계가는 기존의 나무나 화초를 이용하는 것은 물론 새로 심을 식물도 매우 신중하게 선택한다. 자연의 다양한 나무, 화초를 관찰하고 연구한 후 모양, 생장기간, 나뭇잎과 꽃의 색깔 등을 고려해 원림의 분위기에 맞는 품종을 골라 심어야 하기 때문이다.

원림의 실내를 장식하고 있는 국화

북방의 저택에서는 봄에 꽃을 감상하고 여름에 태양을 가려주며 가을에 열매를 맺을 수 있는 배, 해당, 석류, 대추, 감, 포도나무 등을 주로 심는다. 흰 해당화와 배꽃은 추운 겨울을 견뎌낸 원림의 자연에 봄의 기운을 더해준다. 석류는 꽃이 더디게 피는 경향은 있지만 농염한 붉은 빛으로 눈을 즐겁게 해주며 열매 속의 작은 알갱이들은 다산(多産)과 다복(多福)을 의미하기도 한다. 대추나무와 감나무는 꽃이 아름답지는 않지만 가을이 되면 작고 붉은 대추와 가지마다 달린 붉고 탐스러운 감으로 풍성한 느낌을 준다. 또한 건물 앞, 회랑에 포도를 심으면 더운 여름에는 서늘한 그늘을 마련해줄 뿐 아니라 흑진주처럼 탐스러운 열매를 맺어 원림의 아름다움을 더욱 두드러지게 한다.

강남의 원림에 심는 식물은 종류가 훨씬 더 다양하다. '붉은 복숭

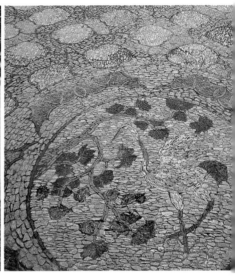

좌 강면(江面) 원림의 서재에 딸린 뜰과 소박한 멋을 살린 바닥

우 회색의 돌 조각으로 표현한 선학도(仙鶴圖). 바닥에도 우아함을 더했다.

아와 푸른 버들이 봄을 반기네'라는 시구처럼 강남 대부분의 원림에는 복숭아나무와 버드나무가 줄지어 심어져 있다. 버드나무는 봄이 시작되는 3월이면 녹색의 여린 새순을 틔우는데, 멀리서 보면 마치 푸른 아지랑이가 피어오르는 것처럼 보인다. 그 밖에도 단풍나무로 가을을 더욱 붉게 물들이고 푸른 소나무와 측백나무로 겨울을 잊고자 했다. 소나무와 측백나무는 사계절이 모두 푸를 뿐 아니라 가지가 곧게 뻗어 있어 눈이 내리면 은빛 옷을 갈아입은 듯 고상하면서도 강한 기운을 드러낸다. 파초, 참대나무는 사계절 내내 푸르기 때문에 원림에서 가장 흔히 볼 수 있는 식물이다. 고대 원림 설계가들은 가산의 결함을 보완하는 데 연꽃만큼이나 맑고 고아하며 강한 기운을 느끼게 해주는 맥문동(麥門冬)*을 쓰곤 했다. 그 부드럽고 소박하면서도 대범한 느낌을 민족의 상징이라고 생각했기 때문이다.

이런 식물은 모두 다양한 자연 그대로의 형태를 지니고 있지만 원림에 옮겨지기까지 사람의 손길을 거쳐야 했다. 수간, 가지, 수형, 잎 등은 모두 세심한 가공을 거치는데 원래의 아름다운 형태를 유지하면서도 주변의 건물, 산, 돌, 연못과 조화를 이룰 수 있도록 다듬어져

경관을 더욱 아름답게 빛낸다. 연못 안에 심는 식물 역시 세심하게
선별하여 결정된다. 연꽃은 그 자체로 아름답기는 하지만 원림에 심
을 때는 일단 물 항아리에 먼저 심은 후 주변경관의 수요에 맞게 항
아리째로 연못 안으로 옮긴다. 그래야 설계가가 원하는 범위 내에서
꽃을 피울 수 있기 때문이다. 수면이 넓은 연못일 경우에는 연못가에
서 멀리 떨어진 연못 중심에 연꽃을 심고 연못가 주변이나 연못을 가
로지르는 다리 옆에는 수련(睡蓮)*을 심는다. 수련은 꽃잎이 작고 날렵
해 가까이 감상하기에 더 적합하기 때문이다.

  원림 경관은 대부분 식물로 이루어졌다. 소주 졸정원의 동남쪽, 서
남쪽에는 대청에 딸린 작은 뜰이 있는데 비파나무와 목련이 심어져
있어 각각 비파원(枇杷園)과 옥란당(玉蘭堂)이라고 한다.

  망사원의 연못 북쪽에는 작은 건물이 하나 있는데 그 앞에는 고아
하고 힘 있게 솟은 노송 두 그루가 있으며 남쪽으로 그림 같은 경치
가 펼쳐져 있어 소나무를 보고 그림을 감상한다는 뜻의 '간송독화헌
(看松讀畵軒)'이라는 이름을 얻었다. 소주의 유원에도 고목이 하나 있
다. 나무와 잎이 거의 다 말라 담장에 기대 있는데 하얀 담장에 오랜

*睡蓮: 여러해살이 수중식물.
연꽃과 달리 수면에 붙어서 꽃
이 핀다.

좌 중국 원림에 있는 태호석. 추
상적인 모양의 자연산 조각품

우 양주 수서호에 있는 오정교
(伍亭橋). 날렵하게 뻗어 올라
간 처마가 아름다운 5개의 정
자가 있어 웅장하고 힘찬 기개
가 엿보인다.

세월의 풍상을 겪은 나뭇가지가 엇갈려 독특하고 의연한 경관으로
재탄생되었다.

원림에는 초목을 직접 심기도 하지만 여러 종류의 분재를 이용해
내부를 장식하기도 한다. 대청 앞 계단 아래, 정자의 주변, 연못가의
돌 위에 분재를 놓아 수수하고 우아하며 산뜻한 포인트를 주는 것이
다. 원림의 대청 내부는 소박하고 점잖은 색깔의 기둥과 하얀 벽, 짙
은 색의 목가구로 장식되어 있는데 여기에 국화 분재를 놓으면 온 방
안에 생기와 활력을 불어넣을 수 있다.

자연을 원림으로 옮겨놓는 과정에서 돌을 빼놓을 수 없다. 돌은 석
산을 만드는 것 외에도 건물, 길, 다리, 연못가 등에 다양하게 사용되
었다. 큰 돌 하나를 사용하기도 하고 여러 개의 돌을 쌓아 조경용으
로 활용하기도 했다. 사가 원림에는 돌을 이용한 경관이 많은데 건
물의 앞뒤, 복도나 담장 아래에서 큰 돌 하나 혹은 여러 개의 돌이 모
여 이룬 석조 조경을 쉽게 볼 수 있다. 석조 조경은 주로 날렵하고 구
멍이 뚫린 돌에 홈을 파거나 바람을 통하게 하는 기법을 추구했는데
태호석은 정교하고 거칠면서도 험준한 느낌을 주고, 황석은 폭이 좁
으면서 곧고 소박하면서도 윤기가 있다. 이러한 석재를 활용한 조경

은 자연 그대로의 돌을 옮겨놓았음에도 쌓는 기술이나 배치에 따라 마치 석공의 손을 거쳐 다듬어진 듯한 예술 작품으로 변한다. 때로는 돌 옆이나 아래에 꽃이나 나무를 배치해 조형미와 색감이 뛰어난 작품으로 재창조되기도 한다.

명청시대에는 강남 원림, 북방 원림, 문인 원림, 황족, 관리 원림을 막론하고 하나의 돌로 석조 조경을 만드는 것이 일반적이었다. 소주 유원 동쪽의 오봉선관(伍峯仙館) 주변에는 대나무 숲이 있는데 숲 한 가운데 돌 봉우리가 근엄하게 서 있어 오악의 지존을 상징한다. 유원 동북쪽에 있는 임천로석지관(林泉老碩之館) 북쪽 정원에는 연못이 있고 5m 높이의 태호석이 하늘을 향해 솟아 있다. 전체적으로 정교하고 아름다워 관운봉(冠雲峯)이라고도 하는데 타운(朵雲)과 수운(岫雲)이라는 이름의 작은 봉우리가 좌우를 보좌하고 있어 거대한 석조 조경을 이룬다. 북경 공왕부의 췌금원 정문은 비래석(飛來石)과 마주하고 있다. 대문을 가리는 병풍 역할도 하고 문에 들어서자마자 가장 먼저 만날 수 있는 경관이기도 하다.

[1] **소식**(蘇軾, 1037~1101): 호는 동파(東坡). 송나라 최고의 시인. 글재주도 아주 좋아 당송팔대가(唐宋八大家)의 한 사람으로 꼽힌다. 그는 당시에 비해 철학적 요소가 짙었고 천성이 자유분방해 많은 문인 친구를 두었다고 한다. 대표작으로는 『적벽부(赤壁賦)』가 있다.

[2] **남송**(南宋, 1127~1279): 금나라에 쫓겨 수도를 개봉에서 임안으로 옮긴 후의 송 왕조를 이르는 말. 이전의 송 왕조를 북송이라고도 칭한다. 후에 금과 화의하였으나 북쪽에서 일어난 몽골 제국에 멸망한다.

[3] **임안**(臨安): 오늘날 절강성(浙江省) 항주(杭州)시.

[4] **무석**(無錫): 강소성(江蘇省) 남부의 도시. 양자강(揚子江) 하류에 있는 강남 삼각주에 위치하며 태호와 마주하고 있다. 대운하 내륙 수운의 중심지이기도 하다. 예로부터 쌀과 생사(生絲)의 집산지로 알려졌고, 지금도 면방직이 유명하다.

[5] **정덕제**(正德帝): 명나라의 제11대 황제(1491~1521 재위). 향락을 좋아하고 라마교를 맹신해 국고를 탕진했으며 재위 기간 내내 난이 끊이지 않았다.

[6] **소주**(蘇州): 강소성 남동부의 도시. 역사가 깊은 고도시로 춘추전국시대 오(吳)나라의 수도였으며 줄곧 대도시의 풍모를 유지해 왔다. 수나라 때 대운하가 개통되자 강남 쌀의 수송지로 활기를 띠었고, "하늘에 천당이 있으면 땅에는 소주와 항주가 있다."라고 칭할 정도로 번영을 누렸다. 전통적인 비단과 자수가 유명하다.

[7] **소흥**(紹興, 1131~1162): 남송의 초대 황제 고종(高宗)의 연호. 형인 흠종(欽宗)이 금나라에 잡혀가자 수도를 개봉에서 임안으로 옮기고 등극해 남송시대를 열었다. 희대의 간신 진회(秦檜)를 등용해 금나라와 굴욕적 화약을 맺고 20년간 평화를 얻었다.

[8] **광서제**(光緒帝, 1871~1908): 청나라의 제11대 황제(1874~1908 재위). 황제로 등극하기 했지만 사실상 모든 권력은 서태후가 장악했고 사회적 분위기는 서구 열강의 침탈이 시작되던 때였다. 변법자강책을 받아들여 개혁을 시도했으나 서태후를 위시한 수구파에 밀려 실패하고 유폐된 채 생을 마감한다.

[9] **가경제**(嘉慶帝, 1760~1820): 청나라의 제7대 황제. 아버지인 건륭제가 양위함으로써 황제에 즉위했으나 건륭황제 사후에나 친정을 펼 수 있었다. 아버지의 치세를 이어받았으나 각지 소수 민족의 난으로 점차 국운이 기울기 시작했다.

[10] **미만종**(米萬鍾, ?~1629): 중국 명나라 말기의 서화가. 젊은 시절부터 글재주가 좋았으며 명필로 이름을 날렸고 행서와 초서에 특히 능했다.

[11] **만력제**(萬曆帝, 1573~1620): 명나라의 13대 황제. 장거정(張居正)을 등용하여 개혁을 단행하고 일조편법(一條鞭法)의 시행에 합리적인 기초를 닦았으나 당쟁과 사치로 쇠락의 길을 걸었다.

[12] **공친왕**(恭親王, 1832~1898): 도광제의 여섯째 아들이자 함풍제(咸豊帝)의 동생으로 함풍제 즉위 뒤 공친왕에 봉해졌다. 1860년 영국·프랑스 연합군이 쳐들어오고 함풍제가 열하로 피난하자 연합군과 협상하여 베이징 조약을 체결하고 외교전담관서인 총리각국사무아문을 설치하여 열강과의 화친을 꾀하였다. 시(詩)에 능하여 『낙도당시집(樂道堂詩集)』, 『화금음(華錦吟)』 등을 남겼다.

[13] **도광제**(道光帝, 1782~1850): 청나라 제8대 황제(1821~1850 재위). 서양 열강의 외압이 점차 심해진 시기였으나 국정을 돌보는 데 최선을 다했다. 아편전쟁, 난징 조약을 겪었다.

[14] **동치제**(同治帝, 1856~1874): 청나라 제10대 황제(1862~1874 재위). 서태후의 친아들이다. 6세에 즉위하였으나 실제 정치에 관여하지 못하고 18세 때 천연두로 사망하였다.

[15] **주자청**(朱自淸, 1898~1948): 중국의 시인 겸 평론가. 현실 긍정의 입장에 선 작품의 신선미로 시단에 올랐다. 『중국신문학대계·시집』을 편집하는 등 시의 비평가로 이름을 떨쳤다. 대표작으로는 『하당월색(荷塘月色)』, 『표준과 척도』 등이 있다.

제3장 • 명청시대의 황가 원림

1403년

명나라는 수도를 남경(南京)에서 북경(北京)으로 옮긴

다. 북경은 전 왕조인 원(元)의 수도이며 대도(大都)라

고 불렸다. 명 조정은 대도성을 증축하고 인구가 적은 성의 북부지역

을 축소했으며 황성 앞의 성곽을 북쪽으로 이동시켜 황궁 앞 공간을

더욱 넓고 광활하게 만들었다. 원 조정에서 사용하던 황궁은 대부분

전란으로 심하게 파손되어 명이 수도를 옮길 때는 그 기능을 발휘할

수 없었다. 이 때문에 명 조정은 새로이 황궁을 지어야 했다. 그에 반

해 청나라의 통치자들은 산해관(山海關)을 넘어 중원을 정복한 후 역대

의 새 왕조와는 달리 기존의 황궁을 없애지 않고 명의 자금성을 거의

있는 그대로 받아들여 사용했다. 청의 선택은 매우 현명한 것이었으며

중국 역사에서도 매우 보기 드문 현상이다. 지금 우리가 볼 수 있는 중

국 고대 황가 원림은 대부분 명청시대에 건축되었고 또 북경에 모여

있다.

명청시대의 황가 원림은 그동안 축적된 사가 원림의 조성 기법과

경험을 토대로 과거의 전통은 물론 외국 원림의 정수까지 모두 흡수했

다. 일부 원림은 사가 원림의 격식을 그대로 모방하거나 사가 원림의 기초 위에 약간만 개조하여 완성하기도 했다. 황가 원림을 거닐다 보면 조그마한 빈 공간도 용납하지 않고 속속들이 채워 넣은 아름다움에 숨이 막힐 정도다. 황궁의 화원과 주변의 휘황찬란한 전각이 서로 빛을 발하며 화려하고 위풍당당한 황실만의 기품을 느낄 수 있기 때문이다. 행궁이나 별궁의 경우에는 자연의 산수를 그대로 끌어안거나 인공으로 만든 산과 연못을 배치해 제한된 공간 안에 산수의 평온하면서도 그윽한 정취를 표현했다. 승덕의 피서산장에 있는 외팔묘(外八廟)는 명청시대 사원 원림의 종교적 특색을 그대로 간직하고 있고, 건륭제가 반했다는 서호의 풍경은 원명원으로 옮겨져 곡원풍하정(曲院風荷亭), 평호추월정(平湖秋月亭)으로 재탄생되었다.

황가 원림은 왕권의 상징이기도 하다. 그렇기 때문에 일반적으로 규모가 거대하고 웅장한 기백을 풍긴다. 이화원 곤명호(昆明湖) 호숫가에 있는 운휘옥우패루(雲輝玉宇牌樓)는 만수산(萬壽山)을 바라보고 있으며 배운문(排雲門), 배운전(排雲殿), 덕휘전(德輝殿), 불향각(佛香閣) 등의 건축물은 하나의 중심축 선상에 위치하는데 산세를 따라 마치 계단처럼 점점 더 높아진다. 신이 부여한 왕권을 상징하는 불향각은 41m의 높이에 있는데 황제가 세상 높은 곳에서 천하를 내려다보고 또 다스리고 있음을 의미한다. 불향각은 이화원 설계의 핵심이자 상징이며 중심축의 정 중앙에는 배운전이 있다. 전체 건물군은 모두 불경에 나오는 신선이 사는 누각을 묘사해 천국의 모습을 상징적으로 표현했다. 이는 봉건통치제도의 왕권천부설을 반영한 것이다.

황가 원림의 조성 배경

황성어원(皇城御苑)

명나라의 황가 원림은 황성과 황궁 안에 모여 있다. 새로 지은 황궁인 자금성(紫禁城) 안에는 중심축 북쪽의 어화원(御花園)과 동북쪽 건복궁(建福宮) 화원이 있다. 황성 안에는 자금성 북부의 만수산이 있고, 서부의 토원(兎園)과 서원(西苑), 동남쪽의 동원(東苑) 등이 있으며 그중에서도 서원이 가장 중요한 원림으로 손꼽힌다.

서원은 자금성 서쪽에 바로 인접해 있는데 이 일대는 북경에서도 개발이 매우 빨랐던 지역이다. 1151년 북방의 소수민족인 여진족이 세운 금(金)[1]이 연경(燕京)[2]에 도읍을 세우면서 중도(中都)라 칭했는데 서원은 중도의 서북 교외에 자리 잡고 있다. 이곳은 원래 커다란 호택지(湖澤地)였고 위쪽으로는 고량하(高粱河)와 만난다. 때문에 금의 통치자들은 이곳의 뛰어난 자연환경을 이용해 대녕궁(大寧宮)을 짓고 황제의 행궁으로 삼은 것이다. 또한 호택지를 파서 호수로 바꾸고 인공 섬과 산을 만들어 '경화도(璟華島)'라고 불렀다. 경화도에는 광한전(廣寒殿)을 짓고 돌을 쌓아 가산을 만들었는데 그때 사용한 석재는 금이 북송을 멸망시킨 후 송의 황가 원림인 간악에서 옮겨온 것이라는 설이 있다. 실제로 가산의 모양도 간악 내의 수산(壽山)과 매우 비슷하다.

13세기 몽고족이 세운 원나라가 급성장하더니 급기야 중국을 통일했다. 1272년 원나라는 금나라의 중도에 도읍을 세우기로 결정한다. 당시 중도성은 전쟁으로 크게 훼손되었지만 대녕궁만은 온전하게 남아 있었기 때문에 원 왕조는 대녕궁을 중심으로 황성을 쌓고 새로운 수도인 대도(大都)를 건설한다. 원래의 호수는 다시 개간해 태액지(太液池)로 거듭나 황궁의 서쪽에 자리 잡게 되었고 황궁에 물을 공급하는 대도 서북부의 금하(金河) 역시 황성 안으로 포함시켰다. 뿐만 아니라 태액지의 연못가에는 나무를 심고 개간을 통해 '원지(圓坻)'와 '병산(屛山)'이라는 작은 섬을 두 개 더 만들었으며 원래의 경화도는 만수산으로 개명했다. 만수산에는 광한전을 위주로 전각, 당, 정자, 대 등 수십 채의 건물을 새로 지었다. 원지의 북쪽에는 석교를 놓아 만수산과 서로 연결했다. 또한 동, 서 양쪽에도 목재로 만든 다리를 놓아 연못의 동쪽과 서쪽으로 건너갈 수 있게 만들었으며 섬 위에는 의천전(儀天殿)을 지었다. 이런 세심한 작업을 통해 태액지는 자연의 정취가 넘치는 황가 원림으로 거듭났다.

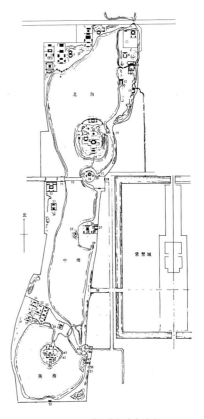

자금성과 서원 평면도

1422년 명 왕조가 도읍을 북경으로 옮긴 후 통치자들은 새로운 황성에서 살게 되었다. 황성과 태액지의 위치에는 변화가 없었지만 태액지는 조금 더 넓어졌고 경화도와 태액지의 북쪽에 건물을 증축해 장인의 손길을 더했다. 원지의 동쪽 연못에는 흙을 쌓아 원래 섬이었던 원지를 반도로 만들었으며 토성에 벽돌을 쌓아 단성(團城)으로 완성했다. 뿐만 아니라 태액지를 남쪽으로 더 넓게 파서 수면을 넓혔는데 새로 넓힌 연못을 '남해(南海)'라고 했고 단성 이북지역은 '북해(北海)'라고 불렀으며 남해와 북해의 중간 부분은 '중해(中海)'로 불렀다. 이로써 원래의 태액지는 북, 중, 남의 3해로 나뉘었고 서원은 명 왕조 황성에서 가장 중요한 황가 원림으로 거듭났다.

청 왕조는 북경을 정복하고 자금성에 들어온 후 기존의 궁성과 화원을 그대로 받아들였으며 3해를 중심으로 황가 원림을 확대했다. 현재의 북해공원 안에 있는 백탑(白塔), 북해 북쪽에 있는 불교건축물 및 북쪽 담장 아래의 정청재(靜淸齋), 북해 동쪽의 건축물과 산수경관, 남해의 영대(瀛臺), 남해 북쪽의 근정전(勤政殿) 등은 모두 청나라 때 개조하거나 새로 지은 것들이다. 이렇게 서원 내의 건축물은 종류도 다

북해에서 바라본 단성과 중남해

양해졌고 수량도 크게 늘었다. 원래의 자연정취는 상대적으로 줄어든 반면 인문경관을 크게 늘려 황가 원림의 웅장한 기백과 화려한 품격을 강화했다. 이 규모와 품격은 현재까지도 대부분 그대로 남아 있다. 중해와 남해를 통칭하는 중남해(中南海)는 현재 중국 중앙정부의 정무를 관장하는 핵심지가 되었으며 북해는 공원으로 바뀌어 개방되었다. 서원 중부의 큰 수면과 엄격한 건축 배치는 교묘한 조화를 이루는 걸작으로 꼽히는데 오늘날 북경의 원림녹화사업의 거점이 되고 있다.

피서 행궁

1994년 하북성(河北省) 승덕의 피서산장과 주변의 사원들은 독특한 기풍으로 유네스코 세계문화유산에 등록되었다. 피서산장은 남북 건축예술의 정수를 모두 모아놓은 문화유산으로 남방 원림의 기풍과 구조, 건축기법을 따르면서도 북방 원림의 상용 기법을 접합시킨 종합조경 예술의 전형이다.

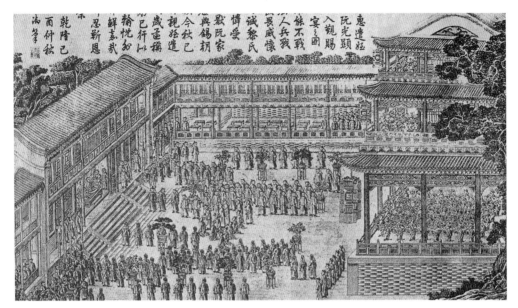

청나라 건륭 연간의 피서산장
에서 연극을 감상하는 황실 가
족 그림

청 왕조를 건립한 만주족(滿洲族)은 초기에는 중국 동북부지역에서
어업과 목축업으로 삶을 꾸려가던 민족이었다. 나라를 통일하고, 국
력이 증강된 후에 이들은 기존의 황실을 증축하고 개조하는 것으로
더 이상 만족할 수 없어 다른 곳으로 관심을 돌리기 시작했다.

강희(康熙)[3] 16년부터 청 왕조는 정기적으로 새외(塞外) 지역(만리장
성 이북)을 순행하고 군사들을 훈련시켰다. 해마다 가을이면 거행되는
이 행사는 후에 정식 제도로 자리 잡았는데 황제가 직접 문무백관을
거느리고 몽고족 왕공들과 함께 위풍당당하게 북구(北口)[4]에서 출발
해 만리장성 북쪽의 사냥터로 간다. 그리고 그곳에서 사냥을 하고, 무
술대회를 연 후 시상 및 책봉 행사를 갖는 것이다. 이후 이 행사는 점
차 날씨가 서늘한 내몽고 객라심(喀喇沁) 등의 목축장에서 진행되었고
북경에서 사냥터까지 가는 길에는 여러 개의 행궁을 지었다.

그중 가장 큰 행궁은 승덕에 지었다. 이곳은 원래 몽고족이 말을
놓아 기르던 곳으로 빽빽한 숲이 온 산을 뒤덮고 물이 풍부하며 서늘
하고 인적이 드문 곳이었다. 강희제는 이곳이 피서지로 적합하다고

피서산장의 호수. 자연의 산과
물을 이용해 경관을 만들었다.

생각하여 산장을 짓기로 결심한다. 그리하여 청나라 초기 대형 황가
원림인 피서산장이 탄생하게 되었다.

　1735년 청 왕조의 6대 황제인 건륭제가 등극한다. 이때 청나라는
국고가 넘쳤고 국력도 강성했다. 건륭제는 한족의 전통문화에 조예
가 깊었는데 여섯 차례에 걸쳐 강남으로 순행을 떠났고 현지의 명산
대천과 유명한 원림에 크게 감동받았다. 그래서 강희제 때 시작된 황
가 원림 조성 붐을 최고조로 끌어올렸다.

　건륭제는 북경 서북 교외지역과 승덕의 피서산장에 황가 원림을
짓는 데 에너지를 쏟아 부었다. 1751년부터 약 40년의 시간을 들여
피서산장을 확장하고 수십여 개의 경관을 완성했으며 산장 내에 여
덟 개의 사원을 건설했다. 이 사원을 오늘날 외팔묘라고 부른다. 피서
산장은 당시 가장 거대하고 장엄하며 또 기백이 넘치는 황가 원림이
었다.

북경 서북 교외지역의 원림구

　북경의 서북 교외지역에는 사가 원림이 매우 많았으나 명나라 말
기의 전쟁으로 인해 대부분이 훼손되거나 사라졌다. 그 후 청나라가

대규모 원림 건설을 시작하고 향산, 옥천산 등의 자연 원림구를 개조, 증축한 후 명나라 황족의 사가 원림을 귀속시키면서 서북 교외지역은 다시금 원림 집중 지역으로 거듭날 수 있었다.

향산은 서산산맥(西山山脈)에 있는 작은 산이다. 숲이 우거지고 기후가 서늘해서 요(遼)[5], 금(金), 원(元) 때부터 오래된 사찰이 있었고 제후와 황족들이 자주 이곳을 유람했다. 1677년 강희제가 원래의 향산사를 행궁으로 개조한 후 옹정제(擁正帝)[6], 건륭제 때 두 번에 걸쳐 행궁을 확장해 1747년부터는 '정의원(靜宜園)'이라 했다.

옥천산은 서북 교외의 평원지대에 솟아 있는 작은 구릉인데 계곡이 많은 것으로 유명하다. 또한 산에는 나무와 풀이 우거져 있으며 금나라, 원나라 때부터 유명한 사찰이 있었다. 강희제 때는 이곳에 행궁 어원인 징심원(澄心園)을 지었는데 후에 정명원(靜明園)으로 바꿔 불렀다. 건륭제 때는 부근의 하호(河湖) 지역까지 정명원 안으로 복속시켰다.

청 왕조는 1684년부터 서북 교외지역에 황가 원림을 짓기 시작했다. 첫 번째 원림은 경비를 절약하기 위해 명대의 유명한 원림인 청화원 터에 공사를 시작했다. 청화원 안의 건물은 이미 훼손되고 없지만 나무, 언덕, 수석(水石)들은 여전히 존재했기 때문에 3년 만에 인공 산천을 보유한 서북 교외의 첫 번째 황가 원림 '창춘원(暢春園)'으로 탄생할 수 있었다. 창춘원은 강희제가 이곳에서 정무를 처리하면서 정치 중심지의 역할을 했고 황성 밖에 건립한 첫 번째 행궁형 화원이 되었다. 그 후 강희제는 창춘원 북쪽에 있는 명대의 사가 원림을 후에 옹정제가 되는 넷째 아들에게 하사했는데 그

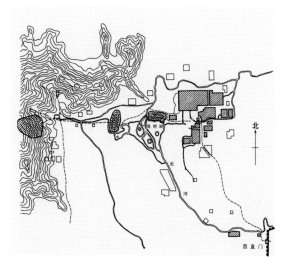

청나라 건륭 연간의 북경 서북 교외지역 원림 분포도

곳이 바로 지금의 원명원이다. 청 왕조가 새로 건설하거나 개조한 명
대의 사가 원림 중 비교적 유명한 것으로는 자이원(自怡園), 희춘원, 징
회원(澄懷園) 등이 있다. 이런 중소형의 원림이 모두 행궁의 역할을 하
던 창춘원 부근에 있었기 때문에 창춘원은 자연스럽게 경성 밖의 정
무 중심지로 떠오르게 된 것이다.

북경 서북 교외지역의 원명원은 옹정제의 세심한 관리와 증축, 개
조를 통해 건물 수와 면적이 크게 늘어났으며 황제가 자주 그곳에 머
무르면서 주요 행궁 화원으로 거듭났다. 건륭제 역시 등극 후 원명원
을 행궁으로 삼았으며, 옹정제 때의 28개 경관을 바탕으로 원림을 확
장하고 개조와 증축을 가해 1744년에는 경관을 40개로 늘렸다. 1751
년에는 원명원의 동쪽에 장춘원(長春園)을, 동남쪽에 기춘원(綺春園)을
짓고 장춘원, 기춘원, 원명원을 하나로 연결했다. 이렇게 원명원은 3
개의 원림이 결합된 총 면적 3,500,000여 m²의 최대 황가 원림으로
재탄생했다.

원명원이 확장된 후 건륭제는 원명원을 절정의 아름다움을 지닌 최

고의 황가 원림이라고 극찬하면서 재정을 생각해 후손들에게 더 이상 새 원림을 조성하지 말라고 당부했다. 하지만 얼마 지나지 않아 그는 스스로의 당부를 뒤엎고 또다시 청의원(淸漪園)을 건설한다. 청의원은 옥천산과 원명원 사이에 지었는데 이곳은 원래 옹산(瓮山)과 서호(西湖)가 있었던 곳으로 서호는 성 안으로 물을 공급하는 저수지 역할을 하고 있었다. 건륭제가 내세운 원림 조성 목적은 황태후의 생신을 기리는 것과 서호를 확장해 더 많은 수원(水源)을 확보하는 것이었다. 하지만 실제 이유는 따로 있는 듯하다. 원림을 사랑하고 또 학식이 깊었던 황제는 서북 교외지역에 향산, 원명원 등의 원림을 두 곳이나 소유하고 있었지만 향산에는 산은 있으되 물이 부족하고 원명원은 물은 있으나 산이 없었다. 그 현실이 안타까운 건륭제는 산과 물이 함께 있는 원림을 갖고 싶었던 것이다. 옹산에는 산과 물이 모두 있어 원림을 조성하기에는 더할 나위 없이 좋았다. 1750년 청의원은 건륭제의 지휘 아래 공사를 시작했고 1764년 14년의 노력 끝에 드디어 완성되었다. 이때 북경 서북 교외지역에는 5개의 황가 원림이 있었는데 각각 향산의 정의원, 옥천산의 정명원, 만수산의 청의원, 창춘원, 원명원이 바로 그것이며 보통 3산 5원으로 불렸다. 이 5원의 주위에는 황제가 대신과 황족에게 하사한 원림과 사가 원림이 산발적으로 자리 잡고 있었다. 청의원이 조성되고 공수로가 확충되어 물의 양이 많아지자 옥천산에서 곤명호에 이르고 다시 장하(長河)를 지나 북경 서직문에 이르는 수로 관광노선이 개발되었다. 이때부터 서북 해정지역은 커다란 황가 원림구로 거듭났다. 이곳에 모인 황가 원림과 사가 원림은 자연의 산수를 이용하고 또 인공의 색채를 가미한 다양한 원림들로서, 대부분 고대 원림의 전통을 따르고 있다. 그렇기 때문에 오늘날 중국 고대 원림 예술을 이해할 수 있는 기준이자 근거자료가 되고 있다.

명원(名園) 감상

자금성 어화원(御花園)

어화원은 명나라 영락(永樂)[7] 18년에 자금성 내부에 조성되었다. 자금성 내부의 궁전 건축물은 거의 동시에 완성되었고, 그 후 원림이나 일부 건물을 약간씩 개조했을 뿐 지금까지도 전체적인 배치와 구도에서 원래의 모습을 그대로 유지하고 있다.

어화원은 자금성을 중심축으로 최북단에 있는 원림 건물군이다. 어화원은 황궁의 대표 화원으로 중심지역에 있기 때문에 강남의 사가 원림과 같이 생동감 있고 자유로운 배치를 지양하고 궁전건축의 핵심인 대칭구도를 따랐다.

어화원의 전체 면적은 12,000m²이며 건축물은 동로, 남로, 서로 3개의 선을 따라 반듯하게 배치되어 있다. 하늘에 제를 올리기 위한 도교 건축물인 흠안전(欽安殿)은 어화원의 정중앙에 자리 잡고 있다. 어화원의 동로에는 남에서 북으로 강설헌(絳雪軒), 만춘정(萬春亭), 부벽정(浮碧亭), 이조당(摛藻堂) 등 다양한 건물이 있다. 어경정(御景亭)은 가산의 꼭대기에 있기 때문에 화원 전체는 물론 궁성 내외의 경치를 모두 감상할 수 있다. 때문에 추석이나 중양절이면 황제가 달을 감상하기 위해 이곳을 찾았다고 한다. 가산 아래에는 석굴이 있고 물을 높은 곳까지 끌어올려 돌로 새긴 용의 입으로 흘러 나오게 만들었는데 지속적으로 흐르는 물줄기가 장관을 이룬다. 서로에는 남에서 북으로 양성재(養性齋), 천추정(千秋亭), 징서정(澄瑞亭), 위육재(位育齋), 연휘각(延輝閣) 등이 늘어서 있다. 이 건물들은 모두 동로의 강설헌, 만춘정, 부벽정, 이조당, 어경정과 대칭을 이룬다. 전체 원림의 배치가 매우 명확하게 규격화되어 있다는 뜻이다. 하지만 어화원도 원림이기 때문에 기능 면에서는 궁성 안의 전각이나 침궁과는 차이가 있었다.

설계가들은 전체적인 배치와 구도를 유지하는 범위 내에서 생동감 있도록 다양한 변화를 주어 어화원이 인공미와 단조로움으로 가득 차는 것을 피했다.

설계가들의 노력은 다음의 몇 가지로 요약할 수 있다. 첫째, 건물의 유형과 형태에서 풍부하고 다양한 형식을 취했다. 어화원에는 여러 층의 누각은 물론 단층의 당과 헌, 정자 등 여러 종류의 건물이 있다. 때로는 흰 돌로 만든 월대 위에 정자를 앉혔으며 수상의 다리 위에 정자를 앉히기도 했다. 만춘정과 천추정은 아래층이 십(十)자 모양이지만 위층은 뾰족한 원뿔형으로 만들어 변화를 주었다. 이렇게 설계가는 황실 건축물의 호화로운 기백과 원림의 활발하고 생동감 있는 기풍을 모두 담아냈다.

어화원에서 가장 높은 곳에 위치한 어경정

둘째, 좌우대칭의 엄격한 배치구도 속에서 세밀한 변화를 통해 아름다움을 느낄 수 있도록 했다. 동, 서편의 담장 아래 있는 강설헌과 양성재는 좌우대칭되는 위치에 있는데 강설헌은 단층의 서재로, 유리장식이 아름다운 화단에 화려한 꽃과 나무, 분재가 있는 반면, 양성재는 2층 높이의 누각으로 그 앞에 돌을 쌓아 만든 가산이 둘러져 있어 폐쇄적인 성격을 띤다. 두 건물의 형태와 구성환경 및 경관이 조금씩 다른 것이다. 승광문(承光門) 양쪽의 작은 문을 통해 어화원으로 들어오면 북쪽 담장 가까이에 대칭구도로 자리 잡은 어경정과 연휘각을 볼 수 있다. 하지만 하나는 가산 위에 지어진 작은 정자이며, 또 하나는 유리기와로 지붕을 장식한 2층 누각이다. 만춘정, 천추정은 모양은 같지만 정자 지붕의 양식이 각각 다르며 화려하게 장식된 정자의 천장도 형식 면에서 차이가 있다.

셋째, 건축의 장식에 일반 궁전건축과는 다른 다양한 주제와 이미지를 담았다. 부벽정과 징서정의 정(井)자 모양 천장에는 궁전에서 일반적으로 쓰는 용봉 문양이 아닌 매화, 난초, 모란, 작약 등 꽃무늬와 복숭아, 석류 등 열매문양을 썼는데 이런 문양은 다양하고 생동감 있을 뿐 아니라 길상(吉祥)과 장수 등의 상징적 의미도 컸다. 강설헌의 들보 역시 전통의 색채를 탈피해 대나무를 청록색으로 묘사했고, 창문에도 일률적으로 나무 원색을 사용해 소박함과 우아함을 강조했다. 원림의 정취는 어화원의 중로에서도 느낄 수 있다. 중로 중앙에는 석반을 깔아 길을 만들고 그 외 부분에 조각돌과 벽돌, 기왓장을 이용해 바닥을 장식했다. 석재의 다양한 이미지와 색깔, 질감을 이용해 동물, 꽃, 사물 및 인물을 만들고 한폭 한폭 연결된 긴 그림처럼 꾸몄기 때문에 신기함과 아름다움을 함께 느낄 수 있다.

넷째는 가장 중요한 요소인데 식물의 배치를 이용해 원림을 조경하고 석재와 분재를 이용해 생기를 더했다는 점이다. 원림에 심어놓

좌 천추정 지붕 장식
우 만춘정 지붕 장식

은 나무는 북방의 기후조건에 맞춰 선택되었다. 길을 따라 사철 푸른 소나무와 측백나무를 줄지어 심고 낙엽이 떨어지는 회화나무, 느릅나무, 해당을 산발적으로 심어 황가 원림 특유의 근엄한 품격을 살렸다. 꽃은 직접 심거나 분재를 이용했는데 봄과 여름에는 개나리, 작약, 모란, 노란 해당화를, 가을에는 국화를 감상할 수 있었으며 연못 안에는 수련이 피었다. 계절마다 드러나는 다양한 꽃과 그 선명한 색채는 어화원에 빛을 더해주어 화룡점정의 역할을 했다. 석조 조경의 경우 돌을 쌓아 만든 가산을 집중적으로 배치해 건축물과 조화를 이룬 곳도 있고 건물 한쪽 자락에 가산을 배치해 독립된 조경으로 탄생시키기도 했다. 분재 중에서 극소수만 귀한 꽃나무 분재이고 나머지는 대부분 각지에서 진상되어 올라온 돌로 장식된 분재다. 이러한 분재는 조형이 다양한데 어떤 것은 매우 정교하며 아름답고 어떤 것은 웅장하고 강직한 느낌이다. 나무가 화석이 된 목화석도 있고 바다 속의 산호로 만든 분재도 있다. 회색 돌 위에 붉은 점무늬가 있

어화원 안에 있는 목화석 분경
(盆景)

는 한 분재는 사람이 두 손을 들고 하늘을 향해 절을 올리는 듯한 모습을 하고 있어서 '제갈량배북두원석(諸葛亮拜北斗隕石)*'이라는 이름을 얻기도 했다. 어화원은 규격화되고 대칭을 이루는 건축, 도로의 기본 배치에 꽃과 나무를 조화롭게 심고 가산과 분재로 포인트를 주었다. 이로써 황실의 엄숙하고 근엄한 품격을 유지하면서도 원림 특유의 풍부한 정취도 느낄 수 있게 한 것이다.

*諸葛亮拜北斗隕石: 제갈량이 북두칠성에 절을 하다.

영수궁(寧壽宮) 화원

건륭제의 남순(南巡): 건륭제는 매년 여름이면 피서산장을 찾았는데 그것으로도 모자라 15차례에 걸쳐 도성을 떠나 각지로 행차했다. 특히 강남 지방을 여행할 때에는 그 기간이 4~5개월에 이르러 많은 경비가 들었고 대신들과 백성들의 원성이 높았음에도 6차례나 다녀왔다. 그만큼 건륭제는 강남을 사랑했던 것 같다.

영수궁 화원은 건륭제가 퇴위 후의 생활을 위해 마련한 궁전으로 자금성 동로의 영수궁 안에 위치하며 건륭화원이라고도 한다. 영수궁은 1771년에서 1776년까지 6년의 시간을 들여 만든 궁전으로 앞, 뒤 두 부분으로 나뉘는데 뒷부분은 다시 중로, 동로, 서로의 3로로 나뉜다. 영수궁 화원은 궁 뒷부분의 서로에 자리 잡았다.

영수궁 화원의 전체 면적은 어화원의 절반으로 길이는 남북 160m, 폭은 동서 37m이다. 규모나 형태에 어화원과 많은 차이가 있고 전체적인 배치도 사뭇 다르다. 영수궁 화원의 최대 특징은 남에서부터 북으로 사각형에 가까운 5개 정원을 만들어 분산의 미학을 발휘하면서 협소한 느낌을 제거했다는 점이다.

남쪽 끝의 연기문(衍祺門)을 통해 화원으로 들어가면 정면에 가산이 보이고 산속의 구불구불한 통로를 지나면 첫 번째 정원이 나온다. 첫 번째 정원의 주요 건물인 고화헌(古華軒)은 남쪽을 향하고 있는데 건물 앞의 자작나무, 즉 고화목 때문에 붙여진 이름이다. 고화헌의 동, 남, 서 삼면은 모두 가산으로 둘러싸여 있고 고목이 뜨거운 햇살을 가려주어 깊은 산속에 있는 듯한 착각을 불러일으킨다.

고화헌의 북쪽으로 난 수화문(垂花門)*을 지나면 두 번째 정원이다. 이곳은 기본적인 사합원으로 정면에는 5칸의 수초당(遂初堂)이 있고 좌우로는 3칸의 곁채가 있으며 사면이 모두 회랑으로 연결되어 있다. 또한 꽃과 나무를 심어 포인트를 줌으로써 첫 번째 정원과는 완전히 다른 조용하고 우아한 경관을 만들어냈다.

세 번째 정원으로 들어서면 경관은 또다시 달라진다. 정원 안에는 커다란 돌을 쌓아 만든 거대한 석가산이 있는데 산봉우리는 우뚝 솟아 있으며 산속의 동굴은 서로 이어졌고 봉우리 사이에 용수정(聳秀亭)이 있다. 세 번째 정원은 가산을 주요 경관으로 삼고 있으며 평온한 느낌 때문에 앞의 두 정원과는 다른 새로운 정취를 느낄 수 있다.

*垂花門: 저택의 내·외부를 구분하는 실질적인 출입구. 외부인은 주인의 허락 없이 이 문 안으로 들어서지 못하며 부녀자, 특히 미혼의 처녀는 이 문 밖으로 나가는 것이 엄격히 통제되었다. 수화문은 그 집안의 경제와 사회적 지위를 대변하기 때문에 대부분 아름답고 화려한 문양으로 꾸며진다.

  네 번째 정원의 배치도 매우 독창적이다. 정원으로 들어서면 화려하게 우뚝 솟은 부망각(符望閣)이 기다리고 있는데 분리 창을 이용해 실내를 미궁처럼 복잡하게 만들었다. 분리 창은 다양한 나무조각과 도금, 옥, 경태람(景泰藍) 등의 예술작품으로 장식되어 있어 정교하고 아름다우면서도 색다른 느낌을 준다. 자금성 내에서도 손꼽힐 정도로 아름답고 화려한 실내장식이다.

  마지막 정원은 엄숙하고 규격화된 양식으로 돌아와 있다. 정원의 서쪽에는 넓은 뜰이 있는데 그 안의 죽향관(竹香館)은 푸른 측백나무와 긴 대나무가 둘러싸고 있어 선경(仙境)에 들어선 느낌을 준다. 정원의 북쪽은 9칸으로 이루어진 권근재(倦勤齋)로, 그중 서쪽 4칸은 건륭황제가 연극을 즐기던 곳이며 안에 작은 무대가 있고 벽과 칸막이, 천정 등에 화려한 무늬가 장식되어 있다.

  영수궁 화원은 규모가 작은 소형 황가 원림이지만 중국 전통의 원림 기법을 충분히 활용한 곳이다. 또 각기 다른 형태의 정원과 대칭, 비대칭의 건축을 이용해 다양한 공간을 완성해냈으며 사합원과 산을

계상정(褉賞亭)의 유배거(流杯渠)**

주요 경관으로 하는 정원을 만들어 폐쇄적이면서도 탁 트인 산뜻한 느낌을 연출했다. 청, 당, 루, 각, 헌, 정자 등 건축의 형식에도 자유로움을 추구했고 실내장식과 장식품 배치는 비교적 보편화된 유리장식, 그림, 화려한 조각 난간 외에 자금성에서는 보기 힘든 목조 천장과 화려하고 아름다운 실내 칸막이, 대문을 가리는 역할을 하는 조벽(照壁)* 등을 사용했다. 이런 다양한 기법을 사용한 까닭에 이 작고 좁은 지역에 변화무쌍하면서도 이국적인 원림 환경을 완성할 수 있었다.

원명원(圓明園)

훼손되기 전의 원명원은 큰 원림 안에 작은 원림이 들어 있는 절정의 아름다움을 지닌 원림이었다. 건물군을 중심으로 하는 풍경구만 해도 120여 곳이나 되었지만 서로 중복되지 않고 각기 다른 새로운 양식을 취했다. 프랑스 작가인 빅토르 위고(Victor Hugo)는 논평을 통해서 "우리의 모든 교회와 보물을 다 합쳐 놓아도 이 화려하고 아름다운 건축물에는 비할 수가 없다."라고 말했다. 영국의 황실 건축가

*照壁: 대문을 들어서면 바라보이는 벽으로 영벽(影壁)이라고도 한다. 벽에는 꽃무늬, 용무늬 등 다양한 무늬와 옛 이야기 등 길상을 비는 용어를 이용해 장식한다. 외부인의 시선을 차단하여 집안이 한눈에 들어오는 것을 방지하는 것이 주된 기능이다. 궁전이나 사당 부호의 저택 등에서는 대개 대형의 조벽을 사용한다.

** 流杯渠: 술잔을 띄워 보내는 놀이를 하던 도랑

윌리엄 챔버스(William Chambers)는 원명원을 "우리의 눈과 마음을 즐겁게 하는 대자연의 아름다운 물건을 모두 수집해 가장 감동적인 결과물로 완성했다."라고 평했다. 그는 후에 켄트(Kent) 공작을 위해 큐가든(Kew Gardens)*을 조성하고 그 안에 최초의 중국식 정원과 건물을 짓기도 했다. 이렇게 원명원은 세계적으로 정원 예술 발전에 커다란 영향을 끼쳤다.

원명원은 강희제가 넷째 아들에게 하사한 별장이었다. 넷째 아들은 후에 옹정제가 되는데 그는 13년의 재위기간 중 많은 시간을 원명원에서 보냈고 원명원을 28개의 경관이 있는 행궁 화원으로 탄생시켰다. 건륭제는 기존의 원명원을 증축해 경관을 40개로 늘리고 장춘원, 기춘원을 새로 지어 원명원과 합쳐 삼원으로 통합했다. 그 후 가경제도 삼원을 부단히 확장해 서북 교외지역의 원림구에서 가장 큰 황가 원림으로 만들었다. 원명원의 전체 면적은 3,500,000m²이며 육지 면적은 자금성 면적과 같고 수역은 이화원 면적과 같다.

다른 황가 원림과 비교했을 때 원명원은 어떤 특징을 가지고 있으며 중국 고전 원림 건축사에 어떤 영향을 끼쳤을까?

원명원은 지세가 평평하여 산도 없고 흐르는 강도 없다. 하지만 땅을 90m만 파면 물이 나올 정도로 지하 수원이 매우 풍부하다. 이런 환경 덕분에 원명원은 평지에 지어졌지만 가산과 연못이 모두 함께하는 산수 원림으로 완성될 수 있었다. 이 3,500,000m² 중 절반 가까이가 수역이며 그중 가장 큰 수역인 복해(福海)는 폭이 600m, 면적이 300,000m²에 달한다. 중형 수역도 폭이 200~300m나 되고 소형 수역은 셀 수 없을 만큼 많다. 끊기지 않고 돌아 흐르는 좁은 계곡의 물은 크고 작은 수역을 연결해 완전한 하나의 수계(水系)를 이룬다. 수역을 파면서 생긴 진흙은 모두 쌓여 산으로 재탄생했다. 때문에 수역이 넓어질수록 산도 많아졌으며 크고 작은 산과 구릉을 모두 모으면 전체 원림의 3분의 2를 차지한다. 하지만 이런 산과 구릉은 그다지 높지

*Kew Gardens: 영국 왕립 식물원. 리치먼드 궁전에 딸린 아담한 정원이²었으나 1759년 웨일스의 황태후이자 조지 3세의 어머니인 아우구스타가 그녀의 사유지 35,000m²를 식물원으로 지정하면서 주목을 받기 시작했다. 계속되는 증축과 확장으로 식물원에 이어, 도서관, 표본실까지 갖추게 되면서 명실 공히 영국의 대표적인 정원 중 하나가 되었다.

***正大光明**: 네 글자는 중국 황제의 집무실 정 중앙에 편액으로도 걸려있다. 황제의 행실과 정치는 항상 공명정대해야 한다는 뜻인데 청나라 초기에는 황제가 죽기 직전 다음 황제가 될 왕자의 이름을 적어 정대광명 편액 뒤에 걸어두기도 했다.

않아 수역을 주요 경관으로 하는 원림의 특성을 해치진 않는다.

기능을 기준으로 할 때, 원명원의 경관은 황제의 정무를 위한 정대광명(正大光明)*과 구주청안(九州淸晏) 등 궁전 건축, 조상의 제사를 모시는 안우궁(安佑宮), 부처를 모시는 사위성(舍衛城), 도서를 보관하는 문연각(文淵閣), 물건을 사고파는 상점과 저잣거리, 오락과 휴식을 제공하는 여러 경관과 풍경구로 나눌 수 있다. 경관의 형태로는 규격화된 건물군으로 구성된 대궁문(大宮門) 안쪽의 궁전 지구, 함경당(含經堂)과 순화헌(淳化軒)으로 구성된 장춘원 중심구가 있고, 또한 수상 경관을 위주로 하는, 복해의 봉래요대(蓬萊瑤臺)와 장춘원 서부의 해악개금(海岳開襟), 기춘원(綺春園)의 봉린주(鳳麟洲)와 감벽정(鑒碧亭)이 있으며, 산지의 소원림을 표현한 사의서옥(四宜書屋), 양자강의 어촌을 표현한 자벽산방(紫碧山房), 다가여운(多稼如雲) 등으로 나눌 수 있다. 이런 경관들은 모두 건축물이 주가 되고 산수와 식물이 보조 역할을 한다. 일부 경관은 산과 구릉, 수면, 흐르는 물, 식물을 위주로 하고 그 안에 정자, 대, 루, 각 등을 지어 각각의 정취를 살리기도 했다. 복해 주변에는 방호성경(方壺勝境), 접수산방(接秀山房) 등 20여 곳의 볼거리가 있는데 이 작은 경관이 모여 복해를 중심으로 하는 원명원 동부의 대풍경구를 이룬다. 이렇게 크고 작은 경관과 볼거리는 모두 120여 개가 있으며 산이나 언덕으로 분리되어 있고 원림 내의 길 혹은 수로로 다시 연결되어 있다. 원명원의 여러 경관은 강남 수향(水鄕)의 정취를 충분히 반영했다. 수면을 넓게 만들어 아침이면 물안개가 피어오르고 산길과 물이 돌아나가는 지역은 완만하게 설계한 것이다. 풍경구와 경관을 분리할 때는 사가 원림처럼 낮은 담과 곡랑을 사용하지 않고 산이나 언덕을 사용했으며 돌길이나 동문, 누창보다는 구불구불한 수로와 통로를 이용해 각각의 경관을 연결했다.

원명원의 풍경구와 경관 배치에서 두드러지는 또 하나의 특징은 전국의 명승지를 모방했다는 점이다. 건륭제는 6번에 걸쳐 강남을 순행했는데 그때마다 소주, 양주, 항주 일대의 유명한 명산과 원림을 방문했다. 뿐만 아니라 항상 화공을 대동해 마음에 드는 산천이나 명승지를 그리게 한 후 북경에 그 모습을 모방한 건물을 지었다. 그래서 원명원 안에 항주 서호를 모방한 곳만 해도 옥천관어(玉泉觀魚), 곡원풍하, 삼담인월(三潭印月), 남병만종(南屏晚鍾), 평호추월, 류랑문앵(柳浪聞鶯) 등 여섯 곳이나 되고 소주의 사자림과 저잣거리, 남경의 첨원(瞻園)과 양주의 수서호(瘦西湖) 등을 모방한 곳도 있다.

주목할 만한 것은 건륭제가 원명원에 유럽 양식의 정원 건축을 짓게 했다는 점이다. 천주교가 중국에 전파되면서 서양의 건축예술과 원림 건설 기술도 조금씩 중국으로 유입됐다. 중국의 전통과는 완전히 다른 시양의 건축과 원림 형식은 청나라 통치자들의 흥미를 자극하기에 충분했다. 그래서 건륭제는 장춘원에 유럽식 궁전 정원인 서양루(西洋樓) 풍경구를 건설하기로 한다. 서양루는 선교를 위해 중국에 온 프랑스, 이탈리아, 보헤미아계 선교사들이 설계하고 중국의 장인들이 정성을 들여 건설한 곳이다. 이 유럽식 건축은 건륭 25년(1760)에 완성됐는데 해기취(諧奇趣), 방외관(方外觀), 해안당(海晏堂), 원영관(遠瀛觀) 등 6개의 궁전식 건축과 만화장(萬花障), 선법산(線法山), 선법장(線法牆) 등 세 개의 정원을 포함하고 있다. 이 서양루 풍경구의

전성기 때의 원명원 그림. 1744년 청나라 궁정화가인 심원(沈源), 당대(唐岱)가 그린 채색화 〈원명원 40경도〉. 원본은 단 한 세트로 오늘날 프랑스 파리의 국가도서관에 소장되어 있다. 이 세 개의 그림은 모두 문헌자료를 근거로 후인들이 복원한 작품이다.

건물들은 당시 유럽에서 전성기를 구가하던 바로크 양식을 따른 것으로 석재로 건물을 짓고 건물 외곽을 화려한 조각으로 장식했다. 궁전 앞에는 커다란 분수가 몇 개 있었으며 사방에 식물을 심어 유럽식 정원의 전통기법을 그대로 따랐다. 줄 서 있는 큰 나무, 다듬어 정리된 수풀, 도형 모양의 꽃밭 등이 바로 그것이다. 또한 당시 중국의 문화와 정서를 생각해 서양루의 배치와 건축에 전체적으로 중국의 전통기법을 반영했다. 분수탑을 중국식 불탑 모양으로 바꿨고 까마귀나 짐승의 모양으로 서양의 나체 조각을 대신했으며 서양식 석재 조각에 중국의 문양을 반영하였다. 이렇게 서양루는 원명원 내에서 이국적인 정취를 뿜어내는 독특한 풍경구를 이뤘다. 이렇게 동서양의 건축 및 원림 문화를 한 곳에 접합시킨 것은 중국 역사상 처음 있는 일이다. 오랜 세월 폐쇄적인 정치를 펼쳐왔던 중국 봉건사회의 입장에서 보면 매우 대담하고 용감한 도전이요 실천이었다.

원명원의 두 번째 특징은 건축의 종류가 많고 형식이 변화무쌍하다는 점이다. 원명원은 행궁형의 대형 황가 원림이었기 때문에 기능도 다양했다. 황제의 유람과 휴식을 위한 원림이자 정무를 처리하는 정치 중심이었으며 조상을 숭배하는 사당이자 부처님을 모시는 사원이었고 공부를 위한 서재이기도 했다. 때문에 원명원에는 궁전, 사

좌 위에서 내려다 본 원명원 3원의 오늘날 모습

우 원명원의 서양루 지구. 건륭 연간에 이탈리아 출신의 궁정 서양화가이자 선교사인 카스틸리오네(Castiglione)와 프랑스 신부 미카엘 베노아(Michael Benoist) 등 외국인이 설계하고 중국의 장인들이 건설했다. 사진은 폐허로 남아 있는 서양루의 잔해이다.

원명원 구주청안(九州淸晏) 풍경구. 과거 황제가 손님을 접대하는 장소였으나 영국과 프랑스 연합군의 포화 속에 불타 지금은 남아 있지 않다.

당, 사원, 주택, 서고, 상점, 공연무대와 오락, 휴식을 즐길 수 있는 정자, 대, 루, 각과 다리, 배 모양의 선오(船塢), 부두 등 다양한 기능의 건축물이 많았다. 이런 건축은 기능에 따라 나름대로 기풍이 달랐을 뿐 아니라 식상한 틀에서 벗어나 새로운 형식을 추구했다. 건물 바닥의 경우, 기존의 장방형과 방형에서 공(工)자, 중(中)자, 전(田)자, 곡(曲)자 모양, 부채꼴 모양 등 다양한 형식을 취했고 정자도 사각형, 육각형, 원형, 십자형 외에 유수정(流水亭)이라는 것도 있었다. 회랑도 곧은 모양의 직랑, 지그재그로 꺾인 곡랑, 점점 높아지는 파산랑(爬山廊)과 높낮이가 변하는 계단식 회랑 등 매우 다양했으며 100여 개의 다리도 평교, 곡교, 아치형 다리 등 무궁무진했다. 이렇게 크고 작은 건물군이 모두 다양한 형식을 취했다.

　중국 고대 전통의 건축 조합은 대부분 중심축을 기준으로 좌우대칭형이며 규격화된 사합원 구도를 따르고 있다. 원내의 건물군은 전체적으로는 이런 전통기법을 완전히 무시하지는 않았지만 여러 부분에서 융통성 있는 방식을 택했다. 첫째, 전체적으로 중심축을 기준으로 하고 있지만 부분적으로는 좌우 비대칭으로 건축했다. 예를 들면, 회방서원(匯芳書院) 건물군의 경우 가로나 세로 모두 중심축이 있기는 하지만 중심축 좌우의 건물은 각각 단층과 2층으로 비대칭이다. 또한 가로축의 좌우 앞쪽으로 한쪽은 2층 누각과 단층 누각, 서재와 정자로 이뤄진 건축 조합이 있는 반면 다른 한쪽에는 한 개의 정방형 정자가 있을 뿐이다. 둘째, 대칭은 따르되 건물의 형식에 변화를 주었다. 천연도화(天然圖畵) 건물군의 주요 건물인 2층 대청의 경우에도 한쪽에는 고대누각이 있는 반면 다른 한쪽에는 단층 건물이 있다. 위치상으로는 대칭이지만 건축의 유형에 변화를 준 것이다. 셋째, 주요 건축물의 대문과 건물 본채는 중심축을 경계로 대칭을 이루지만 그 외의 건물은 상황에 따라 유동적으로 배치했다. 사의서옥(四宜書屋) 건물군의 경우 대문과 2층 누각만 축을 경계로 대칭을 이룰 뿐 나머지 서재와 회랑 등은 가산과 수역의 변화에 따라 유동적으로 배치해 산만한 듯하면서도 나름대로 정취가 있다.

원내의 건축은 북방의 관방형식을 따르고 실내는 화려한 장식과 아름다운 장식품을 놓아 황실의 위엄과 기백을 강조했다. 하지만 건물의 외관에는 궁정구와 소수의 중요 전각 외에 대부분 소박한 장식을 사용했다. 들보에도 채색을 하지 않거나 하더라도 조금만 사용하

원명원의 건축물인 대수법
(大水法)의 잔해

여 나무 원래의 색깔을 그대로 남겨두었다. 이렇게 원내의 120여 개의 건물군 대부분이 소박한 스타일을 추구하고 자연과의 조화에 더욱 중점을 두었기 때문에 원명원에는 강남 수향의 정취와 북방의 색채가 공존한다.

청의원(清漪園)

청의원은 이화원의 전신으로 옥천산의 정명원과 원명원 사이에 있다. 이 지역에는 평지에 솟은 산인 옹산이 있어서 산 앞의 물은 옹산박이라고 불렀다. 원림 건설의 최적지인 이곳은 이미 원나라 시대부터 개발이 시작되었다.

청의원은 1750년에 조성되기 시작했는데 옹산과 호수를 기초로 하고 항주 서호를 모체로 공사를 진행했다. 건륭제의 서호 사랑이 얼마나 지극했는지 알 수 있는 대목이다. 청의원은 기존 호수구역을 더 파서 수역을 넓히고 그렇게 판 흙으로 옹산을 더 높게 만들었다. 산은 물에 더 가깝고 물은 산에 둘러싸인 형국인 것이다. 또한 서호의 소제(蘇堤)*를 모방해 서쪽 수역에 남북으로 큰 제방을 쌓고 비스듬하게 작은 제방을 몇 개 더 붙여 호수구역을 세 개로 나누었다. 또한 산

*蘇堤 : 풍류객 소식, 즉 소동파는 항주의 지방관리로 있을 때 서호 조성에 많은 노력을 기울였다고 한다. 물이 얕은 호수의 흙을 준설하여 인공으로 제방을 쌓아 물의 깊이를 깊게 하였고, 또 제방에 나무를 심고 배를 띄워 낭만의 휴양지를 만든 것이다. 그래서 이 제방을 소동파의 성을 따서 '소제'라고 부른다.

만수산 배운전. 예스러운 색깔의 실내장식이 돋보인다.

의 북쪽에도 계곡을 파서 산과 호수가 서로 연결되고 어우러지게 했
다. 개조 후의 옹산은 만수산으로, 산 앞의 호수는 곤명호로 이름을
바꾸었다. 청의원의 배치를 보면 만수산과 곤명호의 관계, 곤명호 수
역의 분할 및 모양, 제방의 형태와 위치 등이 모두 항주의 서호와 많
이 비슷하다는 것을 알 수 있다.

　원내의 경관은 대부분 만수산과 곤명호에 근접해 있다. 만수산 남
쪽 자락에는 황금색 유리기와로 지붕을 올린 배운전이 찬란하게 빛
을 발하고, 당당하게 우뚝 솟은 불향각은 원림 전체를 내려다보고 있
다. 불향각에 오르면 곤명호의 아름답게 이는 푸른 물보라에 수려
한 서쪽 제방이 어려, 마치 비취색의 댕기를 드린 것처럼 보인다. 또
한 아치형의 17공교(拱橋)*가 수면에 비치며 함허당(涵虛堂), 조감당(藻
鑒堂), 치경각(治鏡閣)의 세 건물이 호수의 인공 섬에 당당하게 서 있다.
호반에는 유명한 배 모양의 석방(石牓), 사실적으로 만든 소 동상인 진
수동우(鎭水銅牛), 항상 푸른 봄빛을 지닌 지춘정(知春亭)이 있으며 만수
산 북쪽 자락에는 티베트 사원을 모방한, 장엄한 형상의 사대부주(四
大部州) 건물군이 서 있다. 호수 양쪽에는 나무가 빽빽하게 심어져 있
고 조각으로 장식된 기둥과 아름다운 건물이 보일 듯 말 듯 나무 사
이에 들어서 있다. 산의 계곡 물이 흐르는 곳에 위치하는 저잣거리도
이채롭다. 물은 강을 따라 동쪽으로 흐르고 호수가 끝나는 부분에 이
르면 갑자기 졸졸 흐르는 시냇물 소리가 들리며 어느새 정교하고 우
아한 해취원(諧趣園)에 도착한다.

　청의원 내부는 궁정구(宮庭區), 전산전호구(前山前湖區), 후산후호구
(後山候湖區) 등 세 부분으로 나뉘는데 전체 면적은 2,900,000m²이며
그중 수역은 전체 원림의 4분의 3을 차지한다.

궁정구(宮庭區)

청의원, 창춘원, 원명원은 모두 행궁형 황가 원림이다. 황제가 정

*拱橋 : 아치형 다리. 무지개
다리

무를 처리하기 위해 세운 곳이기 때문에 대부분 정문 바로 앞에 궁정구를 배치했다. 청의원 궁정구는 원내 동북쪽, 만수산의 동남쪽 아랫자락에 자리 잡고 있는데 서쪽으로는 곤명호에 맞닿아 있고 동궁문(東宮門)을 대문으로 삼고 있다. 궁정구가 여기에 배치된 것은 원명원과 가까워 황제가 두 원림을 오고 가는 데 편리하기 때문이다. 또한 북으로는 만수산을 끼고 있고 서쪽으로는 곤명호에 맞닿아 있어 산과 물을 모두 즐길 수 있을 뿐 아니라 전조후원의 전통 격식에도 부합된다.

동궁문은 궁정구의 정면에 있는데 문 앞의 광장, 조벽, 패루(牌樓)*에서도 황실 건축의 위엄을 느낄 수 있다. 동궁문으로 들어서면 궁정구의 주요 건축물인 인수전(仁壽殿) 건물군이 나오는데 인수문(仁壽門), 대전(大殿) 그리고 좌우의 부속 전각으로 이루어졌다. 인수전은 황제가 조회를 열고 정무를 처리하던 곳으로 안에 옥좌가 마련되어 있으며 인수전 앞에는 기린(麒麟), 구리 향로, 큰 물동이 등의 장식물이 있어 마치 황궁에 와 있는 듯한 느낌이 든다. 하지만 대전 앞의 뜰에는

* 牌樓: 차양이 있고, 둘 또는 네 개의 기둥이 있는 장식용 건축물

이화원 청안방(淸晏舫). 서양의 전함 모형을 본떠 만들었다.

*玉蘭堂 : 목련꽃이 아름답기로 유명한 옥란당은 무술변법(戊戌變法)에 실패한 광서제가 서태후에 의해 10년간 유폐되었던 곳이기도 하다.

소나무, 측백, 해당 등이 심어져 있고 모란화를 심어놓은 화단이 따로 있으며 관상용 태호석 등이 아름답게 장식되어 있는 등 원림의 기본 원칙은 충실히 따르고 있다.

인수전 주변에는 의운관(宜芸館), 옥란당(玉瀾堂)*, 낙수당(樂壽堂) 등 사합원 건축물이 모여 있는데 황제가 실제 기거하고 생활하던 곳으로 황궁으로 치면 침궁에 해당한다.

전산전호구(前山前湖區)

전산전호구는 만수산 산등성이 남쪽과 만수산 앞 호수지역을 가리킨다. 청의원 주요 경관의 88%를 차지하는 이곳은 다시 전산(前山) 구역과 전호(前湖) 구역으로 나뉜다.

만수산은 동서 폭이 1,000m이며 높이는 60m인데 전산의 산세는 상대적으로 험하고 남쪽을 향해 있으며 앞에는 곤명호가 있어 시야

만수산의 배운전, 불향각 등의 건물군

가 확 트였다. 이 때문에 원내의 주요 경관과 건축이 대부분 이곳에 모여 있다. 원내의 가장 주요한 건축은 황태후의 생일을 축하하기 위해 지어진 대보은연수사(大報恩延壽寺)로 만수산 전산 구역의 중앙에 위치하고 있다. 이 건물군은 천왕전(天王殿), 대웅보전(大雄寶殿), 다보전(多寶殿), 불향각(佛香閣), 중향계패루(衆香界牌樓), 지혜해전(智慧海殿) 등의 건물로 구성되어 있고 호수와 맞닿은 산 아랫자락에서부터 산세를 타고 남북으로 일직선의 축을 이룬다. 영국 프랑스 연합군에 타버린 청의원을 복원하면서 남반부를 황제의 조회를 위한 배운전 건물군으로 개조했지만 중심축에 있던 원래의 위치는 조금도 바꾸지 않았다. 이 중심축의 동서 양쪽에는 전륜장(轉輪藏)과 자복루(慈福樓), 보운각(寶雲閣)과 나한당(羅漢堂)으로 구성된 두 개의 건물군이 있어 제2, 제3의 중심축이 되었다. 이렇게 3개의 중심축으로 구성된 방대한 건물군은 만수산 앞 중앙에 우뚝 솟아 있으며 그중 가장 높은 곳에 자리 잡은 불향각과 산등성이의 지혜해전이 이 건물군의 주요 건물이다. 배운전, 불향각은 모두 황색, 녹색 유리기와를 썼고 들보는 아름답게 채색했으며 기둥과 창은 붉은색을 칠해 색깔 대비가 매우 선명하나. 패루와 지혜해는 모든 벽을 다양한 색깔의 유리장식으로 뒤덮어 햇빛을 받으면 보석처럼 찬란하게 빛난다.

이 건물군의 동서 양측에는 10여 곳의 다양한 경관과 건축이 있다. 동쪽 산등성이에 있는 호산(湖山)에서는 서쪽으로 옥천산과 서산(西山)의 경관을 볼 수 있으며 경복각(景福閣)은 곤명호를 내려다볼 수 있는 최적의 장소다. 서쪽 산허리에 있는 화중유(畫中游) 회랑은 그 자체만으로도 화려한 경관을 이룰 뿐 아니라 서면 호산의 아름다움과 누각을 모두 감상할 수 있어 전산 구역의 주요 경관으로 꼽힌다. 동쪽 산 아래의 낙수당과 호숫가의 수목자청(水木自清) 및 양쪽의 새하얀 담장 그리고 호수에 비치는 그림자 등은 강남의 정취를 물씬 풍긴다. 이렇게 산발적으로 흩어져 있는 경관들은 온 산의 짙푸른 소나무, 측백나

당(堂): 건물 중앙의 공간으로, 모임이나 식사를 하는 거실로 사용되기도 한다.

정(亭): 일종의 소형 건축물로, 기본 형상은 네 기둥에 처마가 달린 뾰족 지붕을 얹은 것이다. 일반적으로 네 면이 개방되어 조망하고 관상하며 잠시 휴식하는 용도로 쓰인다. 후에 원림의 중요한 건축물로 발전하여 경관 중에 화룡점정(畫龍点睛)의 역할을 했다. 고대에는 주로 대나무, 나무, 벽돌, 돌을 사용하여 정을 지었고 그 평면형은 원형, 방형, 부채꼴, 사각, 육각, 팔각 등 다양하다.

무를 배경으로 보일 듯 말 듯 배치되어 있어 전산을 더욱 매력적으로 돋보이게 한다.

그중에서도 가장 뛰어난 경관을 꼽자면 만수산 아랫자락 동쪽에서 서쪽으로 이어지는 728m의 장랑(長廊)이다. 이 긴 회랑의 모든 들보에는 아름답고 화려한 장식이 되어 있는데『홍루몽』,『서유기(西遊記)』,『수호전(水滸傳)』* 등 고전소설의 장면과 동식물의 모양이 그려져 있다. 거의 1,000폭에 달하는 이 아름다운 그림은 단 한 폭도 같은 그림이 없을 정도로 정성을 많이 쏟은 작품이다. 장랑을 거닐면 저 멀리 회랑 밖으로 호수와 산의 경치가 보이고 옥천산과 서산의 자욱한 안개도 보인다. 또한 가까이에는 용왕묘(龍王廟)와 물에 떠 있는 듯한 17공교가 보이는 가운데 만수산 아래 사합원의 문두 조각과 아름다운 창문, 산허리의 불향각, 지혜해전까지 한눈에 들어온다.

곤명호는 폭이 동서로 1,600m, 남북으로 2,000m에 달하는 커다란 호수로 동에서 서, 남, 북으로 길게 펼쳐진 궁정구와 만수산 두 개의 경관을 보유하고 있다.

곤명호는 1지 3산(一池三山)의 배치를 취하고 있는데 3산의 핵심은 남호도(南湖島)이다. 남호도에는 용왕묘가 있는데 광윤사(廣潤祠)라고도 불리며 동쪽 호숫가와 섬을 17공교가 연결해주고 있다. 17공교는 원내 최대의 석교이다. 석교의 동쪽에는 방대한 규모의 팔각형 겹처마 지붕의 곽여정(廓如亭)이 있다. 이렇게 섬, 다리, 정자로 이뤄진 한 폭의 수채화는 곤명호에서 가장 주된 경관을 이룬다. 또한 2층 누각인 함허당은 섬의 북쪽에 있는데 만수산의 불향각과 마주 바라보며 대칭을 이룬다. 저립각(佇立閣)에 올라서면 만수산을 한눈에 볼 수 있고 서쪽으로는 멀리 서산과 옥천산의 옥봉탑(玉峯塔) 그림자까지도 보인다. 그 밖에 다른 두 개의 섬에는 각각 누각과 전당이 있는데 서쪽 수역의 주요 경관으로서 주변 경관과 멀리 떨어진 산수 경관을 모두 감상할 수 있는 최적의 장소다.

* 水滸傳 : 명나라 시대의 장편소설로 시내암(施耐庵)이 쓰고, 나관중(羅貫中)이 손질한 중국 4대 기서 중 하나다. 수령인 송강(宋江)을 중심으로 108명의 영웅들이 양산박(梁山泊)에 모여 조정의 부패를 통탄하고 관료의 비행에 반항하여 민중의 갈채를 받는 이야기이다.

곤명호의 제방인 서제(西堤)는 항주의 서호에 있는 소제(蘇堤)를 모방해 지은 것으로 그 위치와 방향이 소제와 똑같다. 제방 위에는 6개의 다리가 있는데 원형의 아치형 다리 1개를 제외한 나머지 다리에는 다양한 형태의 정자를 앉혔다. 마치 제방에 아름다운 진주가 장식되어 있는 것처럼 보인다.

후산후호구(後山後湖區)

청의원을 새로 개조할 때 만수산 앞의 호수 부분은 크게 확장한 반면 산의 뒷부분은 아랫자락에 담을 둘러치고 원림의 북쪽 경계를 만드는 데 그쳤다. 하지만 원림 설계가의 세심한 관심과 배려로 후산의 좁고 긴 지대에도 특색 있는 경관이 탄생했다.

후산후호 풍경구의 기점은 후계하(後溪河)이다. 만수산 북쪽에 위치하는 후계하는 땅을 파서 서쪽에서 동쪽으로 흐르게 만든 강이며, 파낸 흙으로 토산을 만들어 만수산과 함께 2산 1하(二山一河)의 형태로 완성했다. 지형의 한계로 인해 후계하의 물은 폭이 그다지 넓지 않다. 동서 1,000m의 장방형 계곡은 좁았다 넓어졌다 하는데 좁은 곳은 10여 m, 넓은 곳은 70m이다. 또한 북쪽의 산세와 조화를 이뤄 강의 폭이 넓어지는 부분은 산세가 낮고 완만하며, 폭이 좁아지는 부분은 산도 험해진다. 배가 서쪽에서 동쪽으로 들어서면 두 개의 산 사이를 지나게 되는데 산 위에는 초목이 빽빽하게 우거져 있고 물길을 따라 강변에 헌, 사, 정, 대 등이 나타나며 전각, 옥, 누각이 산허리에서 차례로 모습을 드러냈다가 사라진다. 여기에 짙고도 푸른 소나무, 측백나무, 붉게 타오르는 단풍은 후계하의 경관을 더욱 신비하고 화려한 세상으로 만들었다.

더욱 특색 있는 것은 후계하의 중간 부분에 소주와 남경의 강변 상점을 본떠 만든 저잣거리가 있다는 것이다. 270m 길이의 강변 저잣거리를 거니노라면 강 양쪽 여기저기에 늘어선 점포들이 내건 화려

서태후 칭호: 이화원과 불가분의 관계에 있는 인물이 서태후이다. 흔히 서태후가 서씨인 것으로 생각하는 사람이 있는데 함풍제의 후궁이었던 서태후의 성은 예허나라(葉赫那拉), 이름은 옥란(玉蘭)이다. 그녀는 함풍제의 여러 후궁 중 유일하게 아들을 낳았고 함풍제가 세상을 떠나자 그의 아들이 6세의 나이로 동치제에 즉위하였다. 이에 함풍황제의 황후를 자안태후(慈安太后)로, 서태후를 자희태후(慈禧太后)로 칭하였다. 자안태후의 거처가 자금성 내 동쪽의 종수궁(鍾粹宮)이었고, 자희태후의 거처가 자금성 내 서쪽의 저수궁(儲秀宮)이었기 때문에, 사람들은 흔히 자안태후를 동태후(東太后), 자희태후를 서태후(西太后)라 부르게 되었다. 우리가 일반적으로 말하는 서태후는 바로 이 자희태후를 일컫는다.

멀리서 바라본 만수산과 곤명호

한 광고 천막으로 보인다. 황제가 이곳으로 순행을 나올 때면 황궁의
태감들이 상점 주인과 고객으로 변장해 떠들썩하고 생기 있는 분위
기를 만들어 마치 강남에 온 것과 같은 착각이 들었다고 한다.

후산의 산세는 평평하고 완만하며 전산과 같이 10여 개의 건물군
이 있다. 그중 가장 주요한 것은 후산의 중심에 있는 수미영경사묘(須
彌靈鏡寺廟)다. 이것은 행궁형 황가 원림에 지어놓은 최대 규모의 사찰
건축인데 황제의 예불을 위한 것이기도 하고 티베트족, 몽고족 등 소
수민족을 융합하기 위한 목적도 있었다. 사원의 전반부는 패루, 광장,
대웅보전, 부속 전각 등이 채우고 있고 후반부는 티베트의 고사원 상
야사(桑耶寺)를 본떠 지은 종교 건물군, 높은 대홍대(大紅臺), 특색 있는
일전(日殿), 월전(月殿)과 라마탑이 있다.

수미영경 건물군의 양쪽에는 10여 개의 크고 작은 건물군이 있다.
이런 건물군 사이로 산간도로가 동서로 관통하는데 꼬불꼬불한 길
옆으로 노송이 빽빽이 서 있다. 대부분의 건물군이 길가에 접해 있고

아름다운 그림이 그려진 마룻
대와 화려하게 조각된 들보의
장랑

일부 건축은 숲속 은밀한 곳에 숨어 있으며 작은 오솔길과 산간도로
를 통해 서로 연결되어 있다.

전산전호구의 경관은 광활하고 개방적인 반면 후산후호구의 경관
은 조용하고 우아하며 내향적이라고 할 수 있디. 불향각의 평대에 올
라서면 앞에는 드넓은 호수와 끝도 없이 연결된 밭과 들이 보인다.
왼쪽으로는 나무가 우거진 원림구가 보이며 오른쪽으로는 옥천탑과
안개에 뒤덮인 서산의 풍경을 볼 수 있다. 시야가 트여 있고 개방적
이기 때문이다. 전산에는 중앙의 배운전, 불향각 건물군은 물론 양쪽
의 화중유와 낙수당, 석가루(夕佳樓) 등의 건축물이 모두 산 앞이나 호
숫가에 자리 잡아 경관 감상에 충분한 넓은 공간을 확보하고 있다.
하지만 후산후호구의 경관은 전혀 다르다. 후계하가 두 산의 협곡 사
이를 구불구불 돌아나가고 산길이 수풀을 관통하며 대다수의 건물군
이 수풀 사이에 숨어 있다. 산, 계하, 건물군 등이 모두 그윽하면서도
정겨운 아름다움을 추구하고 있어 전산전호구의 화려한 시각적 아름

좌 수미영경라마묘
우 복구 후의 저잣거리

다움이나 개방적인 정취와는 상당한 차이가 있다.

만수산의 동북쪽 산 아랫자락에는 작은 원림이 하나 있다. 비교적 독립적인 이 원림은 무석의 기창원을 모방해 지었다. 건륭황제는 강남 순행에서 기창원의 원림 예술을 보고 감탄을 금치 못해 화가에게 그 자태를 그리게 했다고 한다. 그리고 청의원을 건설할 때 이 조용하고 외진 곳에 혜산원(惠山園)을 짓게 했는데 나중에는 해취원이라 불리게 되었다.

해취원은 기창원과 마찬가지로 연못을 중심으로 한쪽에 석조 조경을 쌓고 다른 한쪽에는 건물을 배치한, 상대적으로 폐쇄적인 원림이다. 원림의 중심에 있는 연못은 크기 면에서 기창원의 연못과 별반 다르지 않을 뿐만 아니라 기창원의 지어함을 본뜬 지어교(知魚橋)까지 있다. 지어교는 수역을 가로지르며 작은 만을 만드는데 기창원의 연못에 있는 칠성교(七星橋)와 조성 기법이나 위치 선정이 매우 흡사하다. 해취원의 북쪽 연못가에는 후계하의 물을 가산 위로 끌어올린 후 물의 낙차를 이용한 옥금협유천(玉琴峽游川)을 만들었다. 함원당(涵遠

堂)은 기창원의 팔음간과 같은 청각, 시각적 효과를 내기 위해서 후에 추가로 건축된 것인데 함원당 동북쪽의 가산 안에 만들어진 돌길인 심시경(尋詩徑)은 지금까지도 원래의 모양을 유지하고 있다.

해취원은 정자, 사, 회랑 등 건축 형식이 다양하고 풍부하다. 정자만 해도 사각형, 원형 정자는 물론 겹처마 정자, 물 위 허공에 떠 있는 긴 정자 등이 있으며 회랑은 평지에 놓인 공랑, 담을 따라 돌아가는 수장랑(隨墙廊), 꺾인 모양의 절랑(折廊), 부채꼴의 호형랑(弧形廊), 물 위에 있는 수랑(水廊) 등이 있어 북방의 궁원식 건축방식을 사용했음을 알 수 있다. 하지만 황실 건축의 엄숙함에서 벗어나 비교적 발랄하게 표현했으며 산수와 식물이 적절한 조화를 이뤄 강남의 정취가 잘 살아 있다. 이런 건축은 대부분 회랑을 통해 연결되어 있어 연못을 따라 돌아가는 유람노선을 이룬다. 회랑에 서면 좌우를 모두 돌아볼 수 있고 정자나 난간을 따라 가다보면 기둥을 액자의 틀로 삼아 다양하고 풍부한 주변의 경관을 감상할 수 있다. 4월 초봄이면 연못을 따라 심어놓은 비취색의 버드나무 새순이 수면을 간질거리고 7월의 한여름이면 만개한 연꽃이 연못을 뒤덮어 그 향과 정취에 취하고 만다.

이화원은 중국 역사상 가장 마지막에 지어진 황가 원림으로 천연

정교하고 짜임새 있게 배치된
해취원의 전경

만수산 남북 양쪽의 건물군

의 산수와 인공의 조형미를 혼합하고 황가 원림의 웅장함과 강남 원림의 정교한 멋을 더했다. 원림의 전체 배치와 구도, 창의성은 물론, 풍부하고 다양한 경관 등 모든 요소를 최고의 수준으로 끌어올린 청나라 황가 원림 조성의 최고 성과라고 할 수 있다.

승덕 피서산장(承德避暑山莊)

피서산장은 승덕이궁(承德離宮)이라고도 하는데 원래의 이름은 열하행궁(熱河行宮)이다. 피서산장은 승덕시의 북반부에 위치하며 전체 면적은 5,640,000m²이고 중국에 현존하는 최대의 황가 원림이자 유명한 문물 풍경구이다. 피서산장은 강희 42년(1703)에 짓기 시작해 건륭 55년(1790)에 완공되었다. 87년이라는 긴 세월에 걸쳐 완성된 루, 대, 전, 각, 헌, 재, 정자, 사, 묘, 탑, 회랑, 다리가 120여 개가 있으며 강희제가 직접 이름을 내린 유명 경관만 36곳이 있는 명실상부한 청 왕조 최대의 행궁형 황가 원림이다. 건륭 16년(1751)에는 산장을 증축해 '건륭 36경'을 완성하고 산장 밖 무열하(武烈河) 동쪽에 서로 마주보는 형태로 8개의 사찰을 지어 궁전, 사찰, 원림이 하나로 합쳐진 방대한 규모의 산장 건물군을 만들어냈다.

피서산장의 전체 구도를 보면 전통 격식에 따라 궁정구가 맨 앞에 있고 원림구 두 개가 그 뒤에 있다. 후원 부분은 지형과 경관에 따라 호수구, 평원구, 산악구의 세 부분으로 나뉜다.

궁정구(宮庭區)

궁정구는 산장의 남단에 병렬로 늘어선 궁전 건물군 3개를 포함하고 있다. 정궁은 궁정구의 본 건물군으로 9개의 정원을 포함하며, 전조(前朝), 후침(後寢) 두 부분으로 나뉜다. 중심 전각은 담박경성전(澹泊敬誠殿)이며 그 뒤에 사지서옥(四知書屋), 연파치상(煙波致爽), 운산승지(雲山勝地) 등이 있는데 황제는 이곳에서 정무를 처리하고 독서를 즐겼으며 실질적으로 거주하기도 했다. 그중 가장 유명한 것은 연파치상으로 정궁 후침 부분의 주요 전각이자 황제의 침궁이다. 이곳은 지세가 높고 개방적이며 사면이 산봉우리로 둘러싸여 있어 해마다 여름이 되면 3,927m²에 걸친 드넓은 호수와 상쾌한 미풍을 만끽할 수 있다. 그래서 강희제는 이곳을 안개와 물보라가 상쾌하다는 뜻의 연파치상이라 명명했고 피서산장의 강희 36경 중 최고로 꼽았다.

궁정구에 있는 궁전 건물군의 수량과 규모로 볼 때 피서산장은 모든 황가 원림 중에 가장 규모가 크며 주변의 환경과 조화를 잘 이룬 명품 원림이라고 할 수 있다. 이런 궁전 건축물들은 방이나 건물이 많고 넓지만, 높지도 크지도 않다. 또한 각 건물을 회랑으로 연결해 평면적이며 넓고 안정적인 형태를 보인다. 장식 면에서는 지붕을 유리기와로 꾸미지 않고 모두 회색 기와를 썼으며 들보, 문, 창문에도 화려한 채색을 피하고 목재 본연의 색깔을 그대로 남겼다. 가장 핵심 건물인 담박경성전 역시 예외가 아니다. 대전의 들보와 창문 모두 녹나무 원래의 색을 그대로 살렸으며 창문에만 약간의 목각장식을 넣어 정교하고 우아하면서 소박하게 표현했다. 그 밖에 정원의 배치에

궁정구 담박경성전

신경을 많이 썼는데 뜰에는 소나무와 돌을 쌓아 만든 조경이 서로 조화를 이뤄 원림 특유의 정취를 그대로 살리고 있다. 송학재(松鶴齋)와 동궁(東宮)의 마지막 전각도 자연의 산석을 바탕으로 삼거나 돌을 쌓아 동산을 만든 후 건물을 앉혀 궁정구와 원림구가 자연스럽게 연결되도록 했다.

강희, 건륭제는 사냥을 자주 했는데 그때마다 수많은 문무대신을 거느리고 대규모 행차를 했다고 한다. 또 후대의 황제들은 여름이면 비빈들을 대동하고 더위를 피해 피서산장을 찾았다. 이렇게 피서산장은 황성 밖 또 하나의 정치 중심지로 거듭났다.

호수구(湖水區)

피서산장의 가장 뚜렷한 특징은 실제 산과 물을 기초로 원림을 지었다는 점이다. 피서산장의 동남쪽에 있는 호수구는 전체 면적이 430,000m²이다. 이곳은 원명원과 마찬가지로 평지에 원림을 조성했

거지닭과 건륭제: 항주의 대표 요리인 거지닭은 건륭제와 깊은 연관이 있다. 청나라 때의 한 굶주린 거지가 훔친 닭을 먹으려다가 건륭제의 행차를 보고 급히 땅속에 닭을 숨겼다. 거지의 행동을 수상히 여긴 황제는 진흙 속에서 닭을 꺼내보게 했는데 그 맛에 반한 나머지 황궁에 돌아가서도 같은 방법으로 요리해 먹었다고 한다.

고 수상 경관을 위주로 섬 8개와 호수 8개를 만들었다. 섬과 호수는 서로 만나고 제방으로 연결되거나 다리와 회랑으로 통해 광활한 호수구를 형성한다. 전체 면적의 10분의 1에 불과한 호수구에는 전체 원림 건축의 절반 이상이 집중되어 있는데 건축물은 각각의 섬에 배치되어 있다. 그중 규모가 큰 것으로는 여의주(如意洲), 월색강성(月色江聲), 문원사자림(文園獅子林) 등이 있다. 여의주는 정궁 앞에 지어진 전각으로 황제가 정무를 처리하고 거주하던 곳이고 월색강성은 황제가 독서를 하고 휴식을 취하던 곳이다. 문원사자림은 산장의 동남쪽에 위치하는데 가산으로 둘러싸인 독립된 작은 원림으로 소주의 유명한 사자림을 본떠 만든 것이다.

호수구의 가장 중요한 건축 경관은 금산정(金山亭)과 연우루(煙雨樓)이다. 금산정은 징호(澄湖) 동쪽의 작은 섬 위에 있는데 이곳의 지형과 건물군의 모양이 강소성(江蘇省) 진강(鎭江) 금산(金山)의 강천사(江天寺)와 비슷해 금산정이라는 이름을 얻었다. 금산정은 우뚝 솟은 봉우리처럼 징호 호반에 서 있으며 누각에 오르면 호수구의 서북 양쪽의 평원과 산악구를 모두 감상할 수 있다. 그 자체로 아름다운 경관을 이루면서 다른 경관도 모두 돌아볼 수 있는 것이다. 연우루는 지형의 생김새와 경관이 절강성(浙江省) 가흥(嘉興) 남호(南湖)에 있는 연우루와 비슷해서 붙여진 이름이다. 여의주 북쪽의 작은 섬 위에 자리 잡아 사면이 모두 물과 맞닿아 있고 시야가 확 트였다. 섬에는 정원 형식의 건축이 있고 정원에는 노송이 있으며 호숫가에 푸른 버드나무가 늘어져 있고 누각과 정자의 높낮이가 짜임새 있게 배치되어 있다. 물에 비친 경관과 절경의 산세가 한눈에 들어오는 것이 마치 산수화처럼 아름답다. 연우루와 금산정은 호수를 끼고 서로 마주보고 있으며 각각 동과 북에 위치해 서로 대칭을 이룬다.

호수와 섬이 연결되고 제방과 다리가 서로 만나는 호수구는 농후한 강남 수향의 정취가 배어있다. 원명원, 이화원의 전산전호 풍경구

열하일기(熱河日記): 조선 정조 4년(1780)에 박지원이 지은 책. 중국 청나라에 가는 사신을 따라 열하강까지 갔을 때의 기행문이다. 총 26권으로 구성되는 데 그중 제26권 『피서록(避暑錄)』이 승덕의 피서산장을 배경으로 쓰였다고 한다.

호심에 자리 잡은 정자

가까이에서 본 연우루

만큼 광활하고 탁 트이지는 않았지만 산악구, 평원구가 서로 대칭을
이루고 있어 경관이 더 한층 풍부하다. 또한 만수산, 불향각과 같이
같이 황제의 위엄을 드러내는 핵심 경관은 없지만 섬, 제방이 서로
연결되어 있으며 연꽃이 호수를 뒤덮고 버드나무가 호숫가에 늘어져
있는 세심하고도 친근한 경관이 주를 이룬다.

평원구(平原區)

산장의 평원구는 좁고 긴 장방형의 평지이며 호수구 북쪽에 위치하고 전체 면적은 호수구와 같다. 평원구의 동남부는 만수원(萬樹園)으로 수천 그루의 다양한 나무를 심고 고라니와 사슴을 놓아 길렀다. 서반부는 시마강(試馬埭)인데 양탄자처럼 두껍게 잔디를 깔아 만리장성 이북의 이국적이고 광활한 들판을 연상시킨다.

평원구는 황제가 궁 밖에서 야외활동을 하고 연회를 베풀던 곳으로 중요한 정치 공간이자 피서산장에서 가장 특색 있는 풍경구이다. 1771년 건륭제는 피서산장에서 명나라 때 강제로 이주당했던 몽고 토이호특(土爾扈特)의 수장을 접견하고 『토이호특전부 귀순기(土爾扈特全部歸順記)』와 『토이호특부중기(土爾扈特部衆記)』 등 두 개의 비문을 직접 썼다. 이 두 개의 비석은 지금도 승덕시 성 밖의 보타종승묘(普陀宗乘廟)에 남아 있다.

평원구의 동북쪽에는 불교사찰인 영우사(永佑寺)가 있는데 만수원 한쪽에 홀로 서 있어 매우 조용하고 고즈넉하다. 절 안에 있는 9층 사리탑은 파란 하늘을 배경으로 선명한 등황색의 탑신을 뽐낸다. 평원구의 남쪽에는 호수구를 따라 각각 네 개의 정자가 줄지어 서 있다. 서쪽부터 수류운재(水流雲在), 호복간상(濠濮間想), 앵전교목(鶯囀喬木)과 보전총월(莆田叢越)이다. 이 네 개의 정자는 형식이 모두 다르고 주변 환경에 맞게 건설되었기 때문에 일반 정자보다는 약간 크고 호반에 병렬해 있다. 호수구를 감상할 수 있는 더할 나위없이 좋은 장소다. 이 정자들은 또한 남북 두 풍경구의 경계에 걸쳐 있기 때문에 전혀 다른 두 개의 풍경구를 자연스럽게 연결해준다.

산악구(山岳區)

피서산장의 서북부 전체를 차지하는 산악구의 면적은 산장의 5분의 4이다. 이곳 산세는 커다란 봉우리가 서로 연결되어 있지만 기암괴석이나 깎아지른 듯한 험난한 비탈이 없고 토질이 좋아 수목이 빽빽하게 우거져 있다. 유람하거나 거주할 때 편리하도록 가로, 세로의

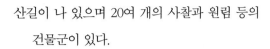

피서산장 산악구

산길이 나 있으며 20여 개의 사찰과 원림 등의 건물군이 있다.

4개의 주요 골짜기 사이에는 4개의 산악 간선이 있는데 이 간선을 통해 다른 산이나 건물군으로 이동할 수 있다. 이 네 개의 간선은 주변에 심어놓은 나무에 따라 각각의 특색을 자랑한다. 예를 들어 원시 소나무림에 있는 간선은 양쪽에 노송이 즐비하게 서 있고 소나무 잎이 해를 가려 소나무와 구름의 협곡이라는 뜻의 '송운협(松雲峽)'이라고 한다.

20여 곳의 사찰과 원림 건축은 산악구 각지에 짜임새 있게 분포되어 있는데 그중 네 곳만이 산 정상에 있고 나머지는 산속 골짜기에 위치한다. 지세의 변화에 따라 전각, 누각, 헌, 회랑, 정자 등 유동성 있게 건물을 배치했는데 규모도 그다지 크지 않고 외관도 수수해서 주변환경과 자연스러운 조화를 이루고 있다.

4개의 산 정상에 지어놓은 정자는 각각 사면운산(四面雲山), 추봉락조(錘峯落照), 남산적설(南山積雪)과 북침쌍봉(北枕雙峰)이다. 사면운산은

평원구에서 자연스럽게 이어지는 산악구

산악구 서북 봉우리에 있으며 해발이 높아 정자에서 구름이 피어오르고 노을이 비껴가는 수백 km 밖의 아름다운 산 경치까지 감상할 수 있다. 추봉락조는 산악구 서남쪽 산 정상에 위치한다. 석양이 질 때 추봉락조에 올라서면 붉은 비단으로 수를 놓은 듯한 붉은 하늘을 볼 수 있으며 동남방향의 황금빛 경추봉(磬錘峯) 거석(巨石)은 그림을 오려놓은 듯한 절경을 이룬다. 남산적설과 북침쌍봉은 호수구와 평원구의 북쪽에 있으며 원림 내에서 북쪽을 향하고 있는 주요 대칭 경관이다. 겨울에 눈이 내릴 때 남산적설 정자에서 호수구를 바라보면 눈꽃으로 뒤덮인 은빛 누각과 정자가 유리처럼 꽁꽁 얼어붙은 호수에 비쳐 선경을 보는 듯한 느낌을 준다.

피서산장은 사계절을 동시에 담고 있다. 이곳에는 뜰과 건물군으로 이뤄진 궁정구가 있고 강남 수향의 정취가 물씬 풍기는 호수구가 있으며 만리장성 밖 이국의 정취를 자랑하는 평원구와 웅장하고 준엄한 기백의 북방 산악구가 각각의 매력과 더불어 절정의 조화를 이룬다. 이렇게 남북의 정취를 집약시킨 환경은 피서산장만의 독특한 매력이다.

피서산장의 원림구는 산장 본채 외에도 사면의 서로 다른 환경을 포함하고 있는데 그중에서도 외팔묘가 가장 유명하다.

외팔묘(外八廟)

외팔묘는 피서산장 동부와 북부 구릉지대에 있는 사원으로 실제로는 12개의 사찰이 있었다. 하지만 조정에서 파견하고 이번원(理藩院)* 에서 녹봉을 대는 라마승이 그중 8개의 사찰에 거주했기 때문에 통틀어 외팔묘라고 부르게 된 것이다. 외팔묘는 티베트 불교사원으로, 67년에 걸쳐 건설한 건륭성세의 산물이다. 이곳의 건축은 정교하고 심오하며 기풍이 다양해 한족, 몽고족, 티베트족의 문화를 융합한 전형적인 예술작품으로 꼽힌다.

내치에만 주력했던 옹정황제와 달리 건륭황제는 왕성한 대외 정벌을 추진했다. 그 결과 현재 중국의 국경선 대부분이 건륭황제 시대에 완성됐고 신장과 티베트가 이때 편입되었다. 영토를 넓힌 만큼 건륭황제는 소수민족 융화에 힘썼고 그 결과 외팔묘를 비롯한 다양한 종교의 사원이 건설 된 것이다.

*理藩院: 청대에 몽고, 티베트 등의 외번(外藩) 일을 관장하던 관서

피서산장에서 바라본 보타종
승묘

이곳에서는 티베트 포탈라궁의 이국적인 정취는 물론 시가체 타쉬룽포사의 기개, 산서성(山西省) 오대산 수상사(殊像寺)의 풍모, 신강 위그루 자치구 이리(伊犁) 지방 고르자묘(固爾扎廟)의 자태를 느낄 수 있으며 세계 최대의 목조불상인 천수천안관음보살(千手千眼觀音菩薩)도 볼 수 있다.

피서산장의 건축은 장엄하고 경건한 황실 궁전, 오락과 휴식을 위한 정자, 헌, 사, 각 등의 건물에 모두 푸른 벽돌과 회색 기와를 써서 소박하고 자연스러운 품격을 드러냈다. 하지만 그 주변에 건설된 외팔묘는 대부분 화려한 색채의 유리기와를 쓰고 심지어는 금으로 도금된 지붕을 얹어 멀리서 보면 아름답고 화려한 보석이 휘황찬란하게 빛나는 것 같다. 이것은 소박하고 우아한 피서산장과는 또 다른 대비를 이룬다. 청나라 조정은 이곳에 사원을 건설해 몽고, 티베트 등 소수민족의 신앙인 티베트 불교에 대한 존중을 나타냈고 이를 통해 소수민족과 중앙정부와의 관계를 돈독히 다져 정변의 발생을 미연에 막고자 했다. 즉 정치적 목적이 종교적 의미를 초월한 것이다. 때문에 사람들은 승덕의 피서산장과 주변의 사원을 다민족으로 구성된 봉건제국의 축소판이라고 말하기도 한다.

황가 원림과 사가 원림의 비교

황가 원림과 사가 원림은 중국 고대 원림 예술의 큰 축으로 공통점도 많은 반면 각각 다양한 특색을 지닌다.

황가 원림과 사가 원림 모두 인공으로 만들어낸 산수 환경이다. 일반적으로는 오락, 휴식 등의 기능을 담당했지만 소유주의 생활방식에 따라 원림에 대한 요구사항이 달라지면서 기능 면에서도 원림마다 차이가 있다. 사가 원림은 대부분 주택에 딸린 형태이기 때문에 원림 내에 거주, 접대, 독서, 오락 등의 기능을 모두 포함해야 했다. 그에 반해 황가 원림의 경우에는 이런 기본적인 기능 외에 선조 황제를 위한 제사, 예불 등의 기능을 담당하는 사찰도 포함하고 있으며 행궁형 원림의 경우는 조정의 정무를 담당하는 궁전이 추가되어 있다. 그 밖에 같은 오락의 목적일지라도 황가 원림은 커다란 연극무대, 저잣거리, 불꽃놀이를 관람할 수 있는 정자, 개간이 가능한 전답, 누에를 키우는 뽕나무밭 등 사가 원림에는 없는 요소들이 추가적으로 들어 있다.

원림의 배치와 구도 그리고 경관 연출 기법에 있어서 사가 원림과 황가 원림은 모두 모방과 상징을 추구했고 제한된 범위 내에 자연 산수를 담아냈다. 하지만 원림의 크기에 차이가 있고 서로 추구하는 바가 다르기 때문에 경관의 배치나 그 효과는 차이가 매우 컸다. 사가 원림은 수만 m²에 달하는 곳부터 수천 m²에 불과한 곳까지 다양하다. 때문에 작은 공간일지라도 넓은 느낌을 줄 수 있는 기법을 많이 활용했고 길을 구불구불하게 만들었으며 주요 경관을 은밀한 곳에 배치했다. 또한 가산과 공랑, 작은 담을 활용해 공간 분할에 다양한 변화를 주었다. 큰 경관은 헌 1채와 정자 1채, 작은 경관은 돌 한 개, 대나무 하나로 이루어져 작은 사물에

색깔이 있는 돌로 장식한 길

서도 큰 정취를 느낄 수 있게 했다.

하지만 황가 원림은 상황이 다르다. 황궁의 어화원을 제외하고도 면적이 수십만 m² 이상인 원림이 많기 때문이다. 서원은 1,100,000m², 청의원은 2,900,000m², 원명원은 3,500,000m² 피서산장은 5,640,000m² 이고 이렇게 큰 부지에 아름다운 자연환경을 만들어내기 위해서는 많은 자금과 물자가 필요했다. 실제 자연의 산과 물을 이용한 원림도 있고 큰 호수를 파 그 흙으로 토산을 쌓고 제방을 만들어 다양하고 특색 있는 대규모의 풍경구를 만든 원림도 있었다. 사가 원림의 자연스럽고 소박한 정취와는 달리 개방적이고 웅장한 분위기를 추구해 황가 원림의 엄숙한 기풍과 도량을 과시한 것이다.

상 북해 정심재(靜心齋)의 계곡을 가로지르는 작고 정교한 구름다리

하 무석 기창원의 정교하고 소박한 물가의 정자

위에서 소개한 황가 원림은 모두 공통점이 있다. 바로 수많은 경관이 강남의 명승지나 유명한 사가 원림을 모방했다는 점이다. 황실 건축을 위해 최고의 기술과 최고의 인력이 초빙되었을 테니 어찌보면 너무나 당연한 일인지도 모른다. 명나라 영락황제는 자금성을 짓기 위해 100,000명의 장인을 불러 모았고, 그 중에는 남방 출신의 기술자가 대거 포함되어 있었다. 청나라 조정은 자금성에 입조판처(立造辦處)를 설립해 황궁의 실내 장식, 가구와 황실용품 제작을 담당하게 했는데 그중에는 뛰어난 기술로 유명한 장인들이 많았다. 원림 역시 그랬다. 강희제는 북

좌 드넓게 펼쳐진 이화원 17공
교의 장관

우 남상(南翔) 고의원(古猗園)
의 오로청금(伍老聽琴). 다섯
개의 돌 작품을 노인 5명에 비
유했다. 돌로 된 탁자는 금을
연주하는 금대이다.

경 서북 교외에 청나라 역사상 최초의 황가 원림인 창춘원을 지었는
데 이때 강남 산수화의 일인자인 섭조(葉兆)가 설계에 참여했으며 석
조 예술의 달인 장연(張然)은 가산 건설을 주관했다. 이런 명인들의 노
력 덕에 강남 일대의 건축과 원림 예술이 북경에 전해졌고 북방의 예
술과 서로 융합될 수 있었다. 하지만 강남 원림을 그대로 재현해내는
것 역시 보통 장인이라면 결코 할 수 없는 것이다. 원림 소유주나 기
존 설계가의 의도와 추구하는 바를 파악할 줄 알아야 하기 때문이다.
이 섬에서는 원림 예술을 매우 사랑했던 강희제와 건륭제의 역할이
매우 컸다. 특히 건륭제의 경우 황제가 직접 원명원, 피서산장의 증
축, 확장공사를 주관했기 때문에 항주와 소주의 명승지와 명원의 경
관을 성공적으로 모방할 수 있었고, 무석의 기창원을 모방한 해취원
도 탄생할 수 있었던 것이다. 이렇듯 황가 원림은 전국 각지의 뛰어
난 예술적 정수는 물론 최고의 장인들까지 불러 모았기 때문에 작품
의 완성도와 더불어 기술적, 예술적 면에서도 최고로 군림하게 된 것
이다.

[1] 금(金, 1115~1234): 여진족(女眞族)이 건립한 왕조. 중국 북방이 근거지였으나 점차 송을 압박해 1127년 송의 수도 개봉을 빼앗는다. 송과 손잡고 요나라의 세력을 몰아냈으며 송을 신하국으로 삼고 조공을 받는 등 전성기를 구가했다. 하지만 몽골제국에 의해 120년 만에 멸망한다.

[2] 연경(燕京): 지금의 북경

[3] 강희제(康熙帝, 1622~1722): 청나라의 제4대 황제(1661~1722 재위). 중국 역대 황제 중 재위기간이 가장 길다. 삼번의 난을 평정한 뒤 국가 안정에 기여했고 뒤이은 옹정, 건륭제 전성기의 기초를 닦는다. 대외 정벌에도 힘써 국토를 넓히고 대만을 정복한다.

[4] 북구(北口): 오늘날 북경의 밀운현(密雲縣)

[5] 요(遼, 916~1125): 거란족의 왕조. 야율아보기(耶律阿保機)가 초대 황제이다. 9세기 말 당이 점차 쇠락한 틈을 타 일어났고 2대 태종(太宗) 때 만리장성 이남의 연운16주(燕雲十六州)를 할양받아 국호를 요라 하였으며 그 후에도 지속적으로 남진을 꾀하였다. 하지만 12세기 초, 금과 남송의 동맹으로 만주 땅에서 쫓겨나고, 중앙아시아로 도망쳐 서요(西遼)를 세운다.

[6] 옹정제(雍正帝, 1678~1735): 청나라 제5대 황제(1722~1735 재위)로 강희제의 넷째 아들이다. 황권 강화를 위해 대대적인 숙청을 단행한 후 합리적인 사고를 펼쳐 내치에 힘썼다. 천민신분제를 폐지하고 지방 백성의 삶을 살피는 등 강희, 옹정, 건륭에 이르는 전성기를 이어나간다.

[7] 영락제(永樂帝, 1360~1424): 명나라 제3대 황제(1402~1424 재위). 초대 황제인 주원장의 넷째 아들이다. 조카인 건문제(建文帝)를 몰아내고 황위에 올랐다. 명의 초대 수도인 남경을 버리고 자신의 기반이었던 북경으로 수도를 옮겨 자금성을 건축하고 국토를 넓혔으며, 뛰어난 정치를 펼쳐 태평성대의 기반을 닦는다.

제4장 • 원림 조성 명인과 원림 이론

중국의 원림은 진한시대에 건설되기 시작했고 위진

남북조시대를 기점으로 당나라 때 크

게 발전했으며 송나라 때 성숙기를 거쳐 명청시대에 최고조에 이르렀
다. 중국 원림의 긴 역사 속에서 무수한 명인과 장인들은 피나는 노력
으로 절정의 아름다움을 지닌 산수 원림을 만들어냈다. 장남원(張南垣)
은 그중에서도 독보적인 인물이다. 장남원은 장연(張漣)이라고도 불렸
는데 명나라 만력 15년(1587)에 강소성 화정(華亭)에서 태어났다. 그는
어려서부터 그림에 뛰어난 소질을 보였다고 하니 그 재능을 바탕으로
원림에 산수화의 정취를 담아낼 수 있었던 것 같다. 흔한 돌 하나, 나무
하나도 그의 섬세한 손길을 거치면 뛰어난 예술작품으로 탈바꿈했다.
그는 특히 돌을 쌓아 경관을 만드는 데 능했는데 큰 산의 외관을 기계
적으로 모방한 것이 아니라 자연 산수의 빼어난 자태를 본받으려고 했
다. 그래서 좁은 공간 안에 골짜기, 동굴, 봉우리를 모두 갖춘 완벽한
가산을 창조해낸 것이다. 그의 가업을 계승한 아들 장연(張然)은 강희제
에게 초빙되어 북경으로 건너갔고 서원의 옥천산과 창춘원 가산 건설

에 참여했다. 이를 계기로 장씨 일가는 가산 건설을 위주로 한 예술 기법을 세대를 거쳐 계승시켜 북방의 첩산(疊山) 대가 '산자장(山子張)' 일가를 이루었다.

문인들이 원림 건설에 참여하면서 원림은 외재적 아름다움에 문화적 함축미가 더욱 풍부해졌다. 또한 원림 예술을 상세하게 서술하고 종합해 원림 건설 이론이 탄생했다. 이렇게 탄생한 역작 중에는 이어(李漁)의 『일가언(一家言)』과 문진형(文震亨)의 『장물지(長物志)』, 계성(計成)의 『원야(園冶)』가 대표적이다. 이어는 명나라 만력 39년(1611)에 절강성 전당(錢塘)에서 태어났다. 그는 각지의 유명한 원림을 유람했고 또 여러 차례 원림 건설에 참여해 배치와 설계를 맡았는데 『일가언』 중 한 권에 건축과 원림 건설 이론을 종합해놓았다. 문진형은 명나라 만력 13년(1585) 강소성 장주(長州)[1] 출신으로 명나라 유명화가인 문정명(文征明)의 후손이다. 그는 『장물지』 제4권에 원림 건설과 관련된 내용을 기록해놓았다.

계성은 만력 10년(1582)에 강소성 오강(吳江)에서 태어났다. 그는 어려서부터 예술을 좋아하고 서화에 능해 원림 예술에 깊은 조예를 가

상 6세기에 그려진 〈유춘도(游春圖)〉. 중국 초기 산수화 작품으로 자연의 심오한 정취를 담아냈다.

하 『원야』 표지

청나라 사람이 그린 〈남경 첨원도(瞻園圖)〉

지게 되었다. 그는 명산대천을 두루 유람한 원림 건설 명인이었으며 명나라 숭정(崇禎)[2] 7년(1634), 52세의 나이에 『원야』라는 원림 건설의 역작을 편찬했다. 이 책은 중국 원림의 계획, 설계, 건물, 창문, 담장과 지면의 모양 및 석재의 선택, 토산 등 여러 분야에 관한 이론과 실제 경험을 담은 명실상부한 걸작으로서 중국 최고의 원림 이론서이다.

『원야』는 3권으로 이뤄졌는데 내용도 세 분야로 나눌 수 있다. 원림 기술 및 원림 지식에 관한 내용은 전체 책에서 가장 큰 비중을 차지한다. 예를 들어 '장절(裝折)' 부분에서는 그림을 이용해 62개의 목제 칸막이 표본을 기록해 놓았으며, '난간(欄杆)' 부분에는 100여 종의 난간 모양을 설명해 놓았다. '장원(牆垣)' 부분에는 각종 담장의 형식과 특징, 사용된 자재와 시공법, 각각의 담장이 어울리는 장소를 열거했으며 부분 도안을 남겼다. 이런 도안과 설명은 매우 구체적이면서도 형상적이어서 작가가 오랫동안 수집해온 실제 자료를 체계적으로 정리해 완성했음을 알 수 있다. 이것은 다른 고대 원림 관련서적에서도 찾아보기 힘든 특징이다.

원림의 건설 경험을 총망라한 것이 바로 이 책의 핵심 부분인데 책의 각 권과 각 파트가 시작되는 부분에 자세한 설명이 곁들여져 있다. 『원야』의 제1권 '상지(相地)'는 작가 계성이 분석한 산림, 도시, 촌장, 교외, 원림에 딸린 주택 등 각종 원림 환경의 특징을 적은 것으로 각각의 환경에 맞는 원림 건설 원칙이 기술되어 있다. '장원' 부분에는 원림의 내부, 외부 담장의 자재가 조화를 이루어야 하며 위치에 맞게 유동적으로 설치되어야 한다고 강조했다. 또한 많은 부분을 할애해 '철산(掇山)'과 '선석(選石)'을 기술했는데 최고의 가산 형태와 모양을 17종으로 기술해 놓았다. 가장 유명하고 귀한 태호석, 화강석에서 가상 흔한 황석까지 16종의 석재를 열거했고 형태적 특징과 최적의 활용법에 대해서도 자세한 설명을 곁들였다.

세 번째 부분은 원림 건설의 이론으로 이 책의 정수라 할 수 있다. 계성은 원림의 계획, 배치, 조성 원칙과 기법에 종합적 이론을 펼쳤는데 '법칙은 있되 정해진 서식은 없는' 융통성 있는 원칙을 강조했다. 즉 원림의 건축은 자연의 특성을 따라야 하고 굴곡 속에서도 조리가 있어야 하며 단정하고 반듯하면서도 법칙에 얽매일 필요가 없다는 뜻이다. 그는 또 원림 건설은 자연을 따라야 한다는 원칙을 강조했고 '비록 사람이 만들지만 하늘에서 내린 것'이라는 생각을 가져야 한다고 했다. 즉 인공으로 풍경 원림을 만들지라도 조물주가 만든 것과 같은 자연환경을 담아내는 것이 비로소 원림의 최고 경지라고 생각한 것이다.

전문가들은 수천 년의 원림 건설 경험과 역사를 체계적으로 정리하고 하나의 이론으로 정립시켰다. 길이, 기풍, 스타일, 색채, 재질, 경물의 종류 등 많은 요소와 그 요소 간의 관계를 명확하게 규정지어 각각의 경관, 각 공간과 공간의 관계, 각 경관의 배치 등에 확실한 기준을 세운 것이다. 이런 원림 이론은 중국 고전 원림의 건설에 가장

『원야』에 기록된 칸막이 표본
도와 난간 표본도

합리적이고 효과적인 기준이자 수단으로 인식되고 있다. 뿐만 아니라 이 원림 예술의 법칙을 이해하고 능숙하게 사용할 수 있어야 비로소 최고의 원림 설계가로 인정받을 수 있었다. 그렇기 때문에 원림을 설계할 때는 이론에서 제시하는 가장 아름다운 곡선과 성숙된 표본, 가장 합리적인 경관 요소의 배치를 반영하고자 했다. 예를 들어 공간의 다양화 및 공간 대비 효율을 높이기 위해 원림 입구에 산석, 꽃과 나무를 병풍처럼 세우는 기법, 구불구불하게 만들어진 길을 통해 공간의 전환과 변화를 추구하는 기법 역시 어느 원림에서나 볼 수 있다. 모든 원림은 이론과 법칙에 의해 설계되어야만 가장 합리적이고 뛰어난 아름다움을 지닐 수 있었다.

원림 조성 이론의 종합과 분석은 중국 원림 예술의 최고 성과라고 할 수 있다. 하지만 이렇게 창조적이고 뛰어난 이론과 법칙 그리고 원림 표본도 시간이 흐르면서 점차 고정된 법칙이 되어버렸다. 발전은 없고 오랜 법칙만 답습하는 과정에서 원림의 정취를 파괴하는 세속적인 색채와 조화를 깨뜨리는 요소가 늘어났고 틀에 박히고 장식에만 치중한 졸작들도 나타나게 되었다.

1| **장주**(長州): 오늘날의 오현(嗚縣)
2| **숭정제**(崇禎帝, 1611~1644): 명나라 제17대 황제(1628~1644 재위). 마지막 황제다. 형인 천계제(天啓帝)를 뒤이어 황제가 된 후 환관 정치를 종식시키고 내치에 힘썼다. 하지만 이미 국운이 기울어 쇠락의 길로 접어들었고 이자성(李自成)의 난과 청나라의 압력으로 황궁이 함락되자 목을 매 자살한다.

제5장 • 원림 감상법

예술적 경지

경지는 중국 고대예술에서 형상적으로 전달하고자 했던 함축적 의미를 말하는데 시나 그림 속에 경지가 들어 있느냐 그렇지 않느냐는 그 작품을 평가하는 가장 중요한 기준이 된다. 고대회화의 경우 예술가들은 자신의 작품 속에 현실세계에 존재하는 사물이나 경치는 물론 형상적인 기법을 통해 특정한 사상이나 분위기를 담아냈다. 소유주는 원림을 건설하면서 자신이 정신적으로 추구하는 바를 원림의 경관에 담아내고 다른 사람들과 함께 공감하고 싶어 한다. 따라서 원림을 감상할 때는 아름다움을 충분히 음미하면서 경지를 찾아내고 그 안에 숨어 있는 철학과 인생관을 이해하려는 자세가 필요하다.

상징과 비유

공자는 『논어(論語)』에서 "지혜로운 사람은 물을 좋아하고 어진 사람은 산을 좋아한다."라고 말했다. 이 말은 지혜로운 사람은 물처럼 만물을 포용할 줄 안다는 뜻이고, 어진 사람은 산처럼 바르고 곧으며 만물을 생장시킬 수 있는 미덕을 갖췄다는 뜻이다. 서로 다른 사물인 물과 산을 지혜와 미덕의 화신으로 비유한 것이다. 이 두 사물은 인간이 살면서 추구해야만 하는 두 가지 덕목을 의미하기도 한다.

이러한 의미에서 보면 원림에 산을 쌓고 연못을 파는 것은 자연에 대한 심미적 요구 때문이기도 하지만 한편으로는 미덕과 지혜에 대한 인간의 끝없는 추구를 의미하기도 한다. 진시황은 함양에 물을 끌어들여 긴 연못을 만들고 연못에 봉래산(蓬萊山)을 만들어 복을 기원했다. 이렇게 원림의 특정 지역을 신선의 그것과 비유하는 기법은 후대에까지 많이 응용되었는데 한나라 장안성 건장궁(建章宮)의 태액지에도 세 개의 섬이 있고, 당나라 장안성의 대명궁 태액지에도 봉래산(蓬萊山)이 있으며, 원나라 수도 대도의 황성 태액지에도 역시 세 개의 섬이 있다. 또한 청나라 원명원의 가장 넓은 호수인 복해에도 인공 섬인 봉도(蓬島)와 요산(瑤山)을 만들었고 이화원의 곤명호에도 역시 세 개의 인공 섬이 있다. 원림의 산수에 상징적인 의미를 담고 싶어 하는 마음은 시대를 초월해 계속된 것이다.

고대 사람들은 유가사상을 매우 중시했고 식물에도 그 사상을 담고자 했다. 소나무는 늘 푸르고 강직하며, 대나무는 곧고 절개가 있었고 매화는 추운 겨울을 뚫고 꽃을 피웠는데, 사람들은 이런 식물의 자태에서 고상하고 순결하며 강인한 정신적인 품격을 연상했다. 그래서 소나무, 대나무, 매화를 '세한삼우(歲寒三友)'라 칭하며 고상한 인품에 비유했다. 그런 이유로 소나무, 대나무, 매화는 중국 시화는 물론 원림 예술에서 가장 자주 볼 수 있는 소재가 되었다. 피서산장의 산악구 가운데 가장 중요한 산 역시 온 산을 소나무로 뒤덮은 송

원림 창밖의 담장 경관

운협이다. 또 문인들은 대나무의 곧고 절제된 모습을 좋아했기 때문에 강남 일대의 사가 원림에는 거의 다 대나무를 심었다. 백거이는 특히 대나무를 사랑한 시인이었다. 그는 대나무에 관한 시를 많이 지었을 뿐 아니라 자신의 집에도 직접 대나무를 심었다. 송나라의 대문호인 소식도 대나무를 사랑한 것으로 유명하며 다음과 같은 시도 남겼다.

음식에 고기가 없을 수는 있으나(可使食無肉)
거처에 대나무가 없어서는 안 되네(不可居無竹)
고기가 없으면 사람이 수척해지지만(無肉令人瘦)
대나무가 없으면 사람이 세속에 물드니(無竹令人俗)
사람이 수척하면 다시 살찔 수 있으나(人瘦尙可肥)
선비가 속되면 고칠 길이 없으리(士俗不可醫)

이 시를 통해 소식은 자신의 고고한 절개와 타협할 수 없는 경지를 노래했다.

연꽃은 뿌리는 약하지만 진흙 속에서도 오래 살 수 있고 더러운 흙탕물에 뿌리를 두고 있지만 수면에 내비친 꽃은 순결하고도 찬란하다. 연꽃의 이런 생태적 특징은 심오한 인생의 철학을 내포하고 있기 때문에 더럽고 속된 사회에 살고 있는 인간이 갖춰야 할 고상한 품격과 절개에 비유되기도 한다. 그래서 연꽃은 소나무, 대나무, 매화와 마찬가지로 산수화나 원림에 자주 등장한다. 이 네 식물은 그 자체가 경관이 되었으며 내포하고 있는 인문적 의미로 사람들의 정서를 자극했다. 원명원 염계낙처(濂溪樂處)에는 연못 가득 연꽃이 피는데 건륭황제는 이 광경을 보고 "사방이 모두 군자로 가득하구나."라고 평가했다. 소주의 졸정원은 연꽃의 생물학적 이미지와 인문적 의미를 특히 잘 살렸다. 본채 앞의 연못에는 연꽃이 가득 피어 있는데 멀리까지 맑은 향기를 퍼뜨리는 연꽃의 특성으로 인해 원향당이라는 이름을 붙였다. 졸정원 서쪽의 연못가에는 유청각이 있다. 이상은(李商隱)[1]이 남긴 시구 '스러진 연꽃, 빗소리만 들리네(留得殘荷聽雨聲)'라는 구절을 따서 이름을 지은 것이다. 여름이 가고 가을이 올 때 정자에 앉으면 시들어가는 연꽃을 때리는 빗소리를 들을 수 있기 때문이라고 한다.

시적인 정취와 그림 같은 아름다움

원림의 경지와 풍모는 소유주의 문화적 소양에 의해 결정된다. 이것은 수많은 명원이 문인이나 화가의 손에 의해 탄생했기 때문이다. 원림 설계와 시화는 미학적 기준과 정신적 요구치가 상당히 비슷하다. 원림의 건설은 문학적 사고에서 출발하고 원림과 시문, 서화는 서로 영향을 끼치며 상호 보완작용을 했다.

원림은 거주와 오락, 휴식을 위한 공간일 뿐 아니라 소유주의 취미와 성향, 인생관을 반영하는 곳이기도 했다. 사가 원림은 원림 예술의 심미관을 가장 잘 표현했는데 문인과 선비들이 양생과 수양을 위한 장소로 삼으면서 수수하고 담백한 정취를 담아내기 시작했다. 원림이 고아한 예술의 한 부분으로 인식될 수 있었던 것은 소유주의 뛰어난 예술적 감각, 탁월한 개성과 깊은 연관이 있다. 따라서 시적인 정취와 그림 같은 아름다움의 추구는 원림 설계의 시작점이자 종착점이 되었다.

시와 노래의 활용 여부는 원림에 있는 제영(題詠)*을 보면 쉽게 알 수 있다. 우아하고 아름다운 글귀로 경치를 표현하고 원림의 경지를 더욱 강조하는 제영은 원림의 가장 좋은 설명서이기 때문이다. 경관의 이름, 건축의 대련과 마찬가지로 좋은 제영은 정자와 건물에 화룡점정의 역할을 하고 문과 담장을 장식하며 경관을 풍부하게 하는 것 외에도 원림 설계나 소유주의 정서적 품위를 드러낸다.

*題詠: 제목을 붙여 시를 읊음

소주 망사원의 전춘이는 문인들의 다양한 문화활동을 만족시키기에 충분한 공간이다.

망사원은 남송시대에 지어졌는데 원래 이름은 어은(漁隱)이었고 세상사에 무관심한 소유주의 삶에 대한 방식을 표현했다. 청나라 때에 이르러 망사원으로 이름이 바뀌었는데 망사는 어부라는 뜻이기 때문에 기존 이름의 의미는 그대로 남아 있는 셈이다. 소주 졸정원의 서반부 연못에도 정자가 하나 있는데 깊은 밤 사방이 고요해지고 맑은 바람이 불어오면 밝은 달이 정자와 연못을 비춰 맑고 깨끗한 분위기를 만들어낸다. 이 정자는 소식의 작품『점강진(点絳唇)·항주』에 나오는 "같이 앉은 사람이 누구던가. 명월, 청풍, 그리고 나구나(與誰同坐, 明月淸風我)."라는 구절의 여수동좌헌(與誰同坐軒)이라는 이름을 붙여 경관의 경지를 명확하게 표현했으며 소유주의 고고한 품격을 암암리에 강조했다. 제남(濟南) 대명호(大明湖)에 있는 대련 "사면에 연꽃, 삼면에 버드나무(四面荷花三面柳), 성 하나의 산색 절반이 호수에 비치네(一城山色半城湖)."는 대명호와 제남성의 경치를 절정의 대구를 통해 표현해냈다.

『장자·추수(莊子·秋水)』에 이런 내용이 있다. 장자(莊子)[2]와 혜시(惠

화가가 표현한 난정(蘭亭)의
유상곡수(流觴曲水)

施)³⁾가 호수 위의 다리에서 한가한 시간을 보내고 있었는데 갑자기
장자가 말했다. "물고기가 한가롭게 헤엄치고 있군. 이것이 물고기의
즐거움일세." 그러자 혜시는 "그대는 물고기가 아닌데 어찌 물고기가
즐거운지 아는가." 하고 물었다. 장자는 "그대는 내가 아닌데 내가 물
고기의 즐거움을 알지 못한다는 것을 어찌 아는가."라고 대답했다. 이
대화 속의 넘치는 지혜와 유유자적한 정취로 인해 후세의 수많은 원
림이 이 고사를 활용했다. 기창원의 지어함, 이화원 해취원의 지어교,
향산 정의원의 지어호, 원명원의 지어정, 북해공원의 호복간(濠濮間)
등도 근심을 잊고 세속에 구애받지 않으려는 심적 경지를 추구하고
있다.

중국 고전의 명작 『홍루몽(紅樓夢)』*에 등장하는 가씨(賈氏) 집안은
커다란 대관원을 짓는데 영국부(榮國府), 녕국부(寧國府)의 아가씨와 공
자가 문채를 발휘해 각각의 건물에 이름을 짓고 시를 써 글자놀이를
하는 부분이 있다. 작가 조설근(曹雪芹)도 책 속의 인물을 빌려 "이렇

*紅樓夢: 청나라의 작가 조설
근(曹雪芹)이 지은 장편 소설로
중국 4대 기서(奇書) 중 하나.
입에 옥을 물고 태어난 가보옥
(賈寶玉)과 총명하지만 병약한
그의 사촌 누이동생 임대옥(林
黛玉), 그리고 가정적이며 건강
한 설보채(薛寶釵)의 이야기를
중심으로 가씨(賈氏) 집안의 흥
망성쇠를 다루고 있다.

게 큰 경관 속에 몇몇 정자에는 이름이 없으니, 꽃과 버들, 산수가 그 색을 내지 못하는구나."라고 말하였다. 이렇듯 기둥 위에 적는 대련이나 제영은 원림에 화룡점정의 역할을 하고 경관의 경지를 강조하며 관람자의 미소를 이끌어내는 하나의 특색으로 자리 잡았다.

원림 설계가와 건축가는 지형에 맞게 기발한 구상을 통해 다양한 원림을 창조한다. 이런 각양각색의 원림에도 공통점이 있으니, 그것은 원림의 어느 위치에 서 있든 완벽한 한 폭의 그림이 펼쳐진다는 것이다. 중국 원림이 근경과 원경의 차별화, 대, 헌, 사, 정자의 배치, 가산, 연못의 조화 그리고 화초와 나무의 어울림에 많은 신경을 쓴 것은 바로 시적인 정취와 그림 같은 아름다움의 경지를 창조해내기 위해서다. 원림을 그림으로, 또 시로 승화하려는 의도를 이해하기 위해서는 중국 원림에서 자주 볼 수 있는 기법과 원림 배치를 잘 파악해야 하며, 정교하고 뛰어난 풍경과 배경, 탐미적인 문화적 품격을 이해할 수 있어야 한다.

원나라 이후, 원림과 그림은 불가분의 관계가 되었다. 그 결과 원림을 조성할 때 회화기법을 활용하게 되었고 주로 호수나 연못의 물,

안녕(安寧) 남원(楠園)의 춘화추월관(春花秋月館). 자연의 대리석으로 만든 액자는 경관의 주제를 담은 편액 역할을 한다.

원림 건축에서 흔히 볼 수 있는
기둥 대련

돌을 쌓아 만드는 가산 두 분야에 집중적으로 응용되었다. 예를 들면
중국 원림의 연못은 자연과의 조화를 최고의 아름다움으로 꼽았고,
연못가는 자연스런 곡선형태를 이루며 다듬지 않은 돌을 놓거나 갈
대, 억새를 심어 자연 그대로의 정취를 추구했다. 크기가 수천 m^2 이
상 되는 수면일 경우에는 물이 집중되는 곳을 만들어 거울처럼 맑은
호수에 안개가 피어오르는 현상이 일어나게 했다. 수면이 작은 경우
에는 연못가에 다양한 돌을 놓고 대나무, 등나무를 심거나 금붕어, 물
총새를 풀어놓고 수초를 심었다. 작은 연못이지만 바다처럼 넓고 끝
없는 듯한 인상을 주기 위한 것이다. 가산은 모방의 원칙을 따르되
규모를 추구하는 것이 아니라 축약과 절제를 활용했다. 즉 석조 조경
의 기법을 이용해 봉우리, 절벽, 계곡 등 산의 형태를 만들고 신비한
형상과 함축적 의미를 살리고자 했다. 흙을 위주로 하는 또 하나의
가산기법이 있었는데 자연 산의 경치를 부분적으로 묘사하는 것이

명나라 화가가 그린 〈죽계육일
도(竹溪六逸圖)〉. 당나라 시인
이백 등 6인의 문인이 대나무
계곡에 모여 술과 노래를 즐겼
던 것과 같은 유유자적한 삶을
동경한 그림이다.

다. 비록 완전한 산의 모습은 볼 수 없지만 보는 이의 상상력을 더해 수많은 봉우리와 해를 가릴 만큼 우뚝 솟은 산 정상의 웅장한 모습을 느낄 수는 있었다. 이렇게 여운을 이용하는 기법은 산과 돌의 표현력을 크게 끌어올렸다.

원림 설계가는 또한 분리 기법을 이용해 경관을 다양하게 만들었다. 예를 들면 연못에 구부러진 돌다리를 두거나 물을 가로지르는 징검다리를 설치해 포인트를 주는 것이다. 이렇게 하면 공간의 다양화를 추구할 수 있고 연못에 좀 더 심오한 기운을 불어넣을 수 있다. 가장 흔히 볼 수 있는 것은 아름다운 문양의 창문과 긴 회랑을 이용하는 것인데 나뉜 것 같으면서도 서로 통하고 경계를 이루면서도 완전히 분리되지 않기 때문에 경관에 깊이를 더할 수 있다.

소주의 원림을 관람해본 사람이라면 그 어떤 위치에서도 절정의 회화적 아름다움을 쉽게 발견할 수 있었을 것이다. 중국 원림의 하얀 담은 전체 원림의 풍부한 색채, 빛, 경관 조형을 더욱 정결하고 조화롭게 한다. 회화기법을 원림 예술에 적용한 것이다. 이렇듯 그림 속의 집, 시 속의 정취, 원림의 회화화는 원림이 추구하는 중요한 원칙이 되었다.

명승지를 모아서

황가 원림이든 사가 원림이든 원림에 명승지를 인용하는 것은 매우 통상적인 기법이다. 심지어 똑같은 경관이 여러 원림에 인용되는 경우도 있어서 각각의 경관에서 똑같은 문화와 역사의 색채를 느낄 수 있다.

오악은 중국의 대표적인 산으로 여기에는 모두 오래된 사찰이 있다. 산신을 모시고 제사를 올리는 곳이자 인류 최초의 숭배사상이 반영된 곳인 셈이다. 소주의 사가 원림에서는 정원 앞에 석봉(石峰)을 다섯 개 놓아 오악을 상징하곤 했는데 이런 기법은 청나라 후기에 절정에 이르렀고 작은 돌을 화분에 담아 장식한 후 책상에 놓아 실내에까

지 오악을 끌어들이고자 했다.

항주 서호는 10경으로 매우 유명하다. 원명원 안의 삼담인월, 평호추월, 남병만종 등의 경관이 모두 서호의 10경을 본떠 만든 것이다. 강소성 진강의 고찰인 강천사는 금산의 정상에 있는데 절 한가운데 불탑이 서 있다. 전강의 표식인 불탑에는 우리에게 '청사(青蛇)와 백사(白蛇)'로 유명한 '백낭자와 허선(許宣)'의 고사가 깃들어 있다. 이 전설로 인해 이 고찰은 예술적 아름다움은 물론 짙은 인문적 색채까지 띠게 되었다. 승덕의 피서산장에도 금산의 경관을 모방한 곳이 있다.

강남에서는 해마다 음력 3월 3일이면 교외로 나가 오락을 즐기는 풍습이 있다. 유명한 서예가 왕희지(王羲之)[4]와 그의 벗 40여 명은 이 날이면 절강 소흥성 밖의 난정에 모였다. 그들은 물이 흐르는 도랑에 술잔을 놓아 흘러가게 했는데 술잔이 멈추는 곳에 있는 사람은 술잔을 비우고 흥에 맞게 시를 한 수 읊어야 했다. 이 놀이는 술이 다 떨어질 때까지 계속되었고 그렇게 읊은 시를 하나의 책으로 엮었다. 여

기에 왕희지의 명필로 서문이 더해졌는데 후인들은 그 시집을 석비
에 새겨 난정에 세워두었다. 그 석비로 인해 난정이 명승지가 된 것
은 물론이고 구불구불한 도랑에 술잔을 띄우고 시를 읊는 놀이가 고
상한 문인들의 이미지와 어우러져 전국적으로 유행했다. 북경 자금
성의 영수궁 화원과 승덕의 피서산장에도 이 놀이의 상징적인 의미
를 본떠 술잔을 흘려보낼 수 있는 유상곡수를 만들었다. 과거 난정에
는 천연의 유수가 흘렀지만 이곳에는 돌을 파서 만든 도랑을 따라 물
이 흐르게 설계되어 있다. 이런 명승지가 원림에 인용되면서 원림의
주요 경관을 이룬 것은 물론이고 그에 수반되는 문화 역사적인 의미
까지 함께 원림으로 유입되었다.

고찰(古刹)과 저잣거리

중국의 원림, 특히 황가 원림에는 대부분 사원이 있었는데 그것은
한편으로는 제왕이 예불을 드리기 위한 용도였고, 또 한편으로는 사

찰 건축이 주는 독특한 조경 효과를 얻기 위해서였다. 때로는 사찰이 원림의 주요 경관을 이루기도 하는데, 그럴 경우 경건하고 고요한 분위기가 더해져 세속을 뛰어넘는 예술적 경지를 내뿜게 된다.

북해 공원의 영안사와 라마탑은 경화도에 지어졌고, 이화원의 불향각과 지혜해불전은 각각 만수산 남쪽의 산허리와 산등성이에 있다. 이런 사찰 경관은 두드러지는 이미지와 특수한 지세 덕분에 이 두 황가 원림의 표식이자 전체 원림구도의 핵심이 되었다. 이화원의 수미영경 동쪽에는 화승각(花承閣) 사찰이 있는데 면적은 크지 않지만 절 안에 소형의 팔각 유리 보탑이 있고 모든 층의 처마 아래 풍경(風磬)이 달려 있다. 바람에 흔들리는 풍경소리를 들을 때면 마치 속세를 벗어나 불법의 세계에 들어간 듯한 착각이 든다.

원림 내의 사찰 건축물이 경건하고 신성한 느낌을 더하기 위한 것이라면 이화원 후계하에 있는 저잣거리는 세상과 격리된 황실 구성원이 일반 백성의 삶을 느끼기 위해 만든 것이다. 다닥다닥 붙어 있는 상점과 바람 따라 아름답게 흔들리는 각종 점포의 천 간판은 모두 무대장치를 하듯 인위적으로 설치된 것들이지만 번화한 시장과 떠들

남경 영곡사(靈谷寺) 원림의
노란 담장과 대나무 그림자

천대산(天臺山) 고찰 정원에
핀 매화

썩한 민초의 삶에 대한 동경을 반영한 것이다. 그 안에 서 있으면 소
주 강가의 저잣거리처럼 상인들의 떠들썩한 흥정소리, 금릉(金陵) 진
하(秦河)의 가무와 풍악이 들리는 듯한 느낌이 들어 여행객의 흥취를
자극하기에 충분하다.

원림의 경지는 위에서 말한 여러 기법을 통해 표현될 때 비로소 풍
부한 함축적 의미를 갖는다. 중국 원림은 시, 회화, 서예, 조각, 분재,
음악, 연극을 하나로 융합한 고도의 예술이며 중국 전통문화 환경을
창조하는 데도 큰 역할을 했다. 그 섬세하고 서정적인 예술 품격은
격조 높은 생활상을 표현했을 뿐 아니라 중국 예술의 철학적 의미까
지도 집약시켰다. 이런 함축적 의미를 이해한다면 중국 고대 원림의
아름다움을 충분히 느낄 수 있을 것이다.

원림의 감상 시각

동적 경관과 정적 경관

중국 원림의 경관에는 두 가지가 있는데 정적 경관과 동적 경관이 그것이다. 작은 정원을 감상할 때는 정적 경관 위주로 봐야 하는 반면 큰 원림에서는 관람동선에 따라 동적 경관 위주로 감상해야 한다.

정적 경관이란 감상하는 사람들이 발걸음을 멈추고 감상할 수 있는 정적인 아름다움을 말한다. 정적인 경관에 어울리는 곳은 건물, 헌과 정자, 누각, 대 등이 있다. 대부분 시야가 탁 트였고 원림에서 가장 뛰어난 경치가 눈앞에 펼쳐져 있어 앉거나 휴식하기에 편하다. 또한 물속에서 노니는 물고기를 감상하고 맑은 바람과 달을 즐길 수 있는 것은 물론이요, 꽃을 울타리 삼고 가산 봉우리를 높은 담 삼아 그림 속 세상을 즐길 수 있어 발길이 쉽게 떨어지지 않는다.

원림의 관람동선은 자연적인 굴곡이 있거나 높낮이가 변하기도 한다. 물에 닿아 있거나 산자락을 끼고 구부러진 긴 회랑을 배치해 관람할 때 햇빛이나 비를 피할 수 있게 한다. 구부러진 회랑과 오르막과 내리막이 있는 산길, 울퉁불퉁한 돌길은 걸음을 옮길 때마다 새로운 경관을 감상할 수 있는 최고의 동적 경관이다. 중국 원림은 주종 관계가 확실하며 경관에 다양한 변화가 있다. 이 때문에 원림 설계가는 그것을 기점으로 최고의 관람동선을 짜고 각종 동적인 아름다움과 휴식, 연회, 오락, 거주 등 다양한 기능의 건축물을 유기적으로 결합시킨다. 그래서 상대적으로 정적인 경관도 감상의 각도에 따라 새로운 면모를 지니게 된다. 동선을 따라 동적인 경관을 감상하다 보면 아름다운 그림 족자가 길게 펼쳐진 듯 새로운 경관이 끝없이 나타나 리듬과 운율을 느낄 수 있다.

하늘과 땅을 향하다

원림의 공간은 다양한 방향과 변화의 운율을 추구한다. 가산과 연못, 건축물, 꽃과 나무의 배치를 이용해 경관의 높낮이에 변화를 줌으로써 고개를 들었을 때나 숙였을 때 어디에서나 아름다운 경관을 감상할 수 있어야 하는 것이다. 그래야 원림 지형의 기복에 따라 관람의 시선도 변하고 경관도 다양해져 미묘한 운치가 넘치게 된다.

북경 이화원의 만수산 앞쪽 불향각은 원림에서 가장 높은 곳에 자리 잡았다. 산허리에 웅장하게 우뚝 솟아 있어서 고개를 들면 드넓은 하늘을 마음껏 감상할 수 있고 또한 정면으로 드넓은 호수면이 눈앞에 펼쳐져 햇빛에 비친 호수면의 물보라까지도 볼 수 있다. 양주의 기소산장(寄嘯山莊) 역시 시선의 변화에 따른 경관의 미묘한 정취를 충분히 활용한 원림이다. 2층의 회랑과 가산의 오솔길은 온 원림을 관

상 문인 원림의 창문과 창문 너머의 경관은 아름다운 액자를 연상시킨다.

하 기창원 너머로 보이는 석산(錫山)의 절경

통해 입체적인 관람동선을 제공하고 호수의 빛깔과 산의 정경 그리고 누각과 회랑이 조화를 이뤄 새로운 정취를 선사한다.

오감의 향연

중국 고대 원림을 유람하다 보면 아름다운 절경을 볼 수 있는 것은 물론이며 맑고 청아한 물, 지저귀는 새, 풀벌레 소리도 얼마든지 느낄 수 있다. 봄이면 복숭아, 배꽃의 향기가 코를 찌르고 여름이면 연꽃 향이 온몸을 감싼다. 또 가을이면 물푸레나무 꽃의 향에 취하고 겨울이면 매화의 은은한 향에 아찔함을 느낀다.

유명한 고전음악인 '우타파초(雨打芭蕉)*'는 부슬부슬 비가 내리는 어느 날, 파초 잎을 때리는 빗방울이 만들어낸 맑고 경쾌한 소리에 행복을 느낀 작가가 그 정취를 음악으로 탄생시킨 것이다. 소주 졸정원의 청우헌 역시 같은 이유로 붙은 이름이다. 송풍정도 정자 주변에 심은 소나무 사이로 산들바람이 지나며 내는 맑은 소리에 신비한 느낌을 받아 그런 이름을 붙인 것이다. 이렇게 바람소리를 듣기 위해 소나무를 심고, 빗소리를 느끼기 위해 파초를 심는 것이 중국 원림 설계의 원칙으로 굳어졌다.

상해 예원(豫園)에 놓인 지그 재그형 석교

개원 하산의 회백색 석조 조경. 모양이 특이하고 정교하면서도 아름다워 시원한 느낌을 준다.

저 멀리 보이는 옥천산

사계절이 살아 있는 경관

원림의 경관을 감상할 때는 햇볕, 계절, 날씨에 따라 경관이 어떻게 변화하는지 유심히 살펴야 한다. 소주 유원의 가청희우쾌설정(佳晴喜雨快雪亭)은 날씨의 변화에 따라 눈앞의 정경에 새로운 감흥이 이는, 낙관적인 인생관의 극치를 보여주는 곳이다. 소주 망사원의 월도풍래정은 온 연못에 비친 주변의 경관이 아름답게 빛나는 곳으로 시간의 흐름에 따라 빠른 속도로 새로운 경관을 보여준다. 하늘에 둥근 달이 걸리면 달빛과 등불이 연못에 반사되어 시적인 정취와 그림 속 아름다움이 절정에 이른다. 계절에 따른 경관 역시 다양한 미감을 제공한다. 송나라의 곽희(郭熙)[5]는『임천고지(林泉高致)』에서 이런 묘사를 했다.

"춘산의 담백함은 미소와 같고 하산의 푸름은 물방울과 같네(春山淡冶而如笑, 夏山蒼翠而如滴).

추산의 맑음은 치장한 듯하니 동산의 쓸쓸함은 잠이 든 것이리라(秋山明淨而如狀, 冬山慘淡而如睡)."

즉 계절의 변화가 주는 아름다움이 원림 예술 속에서 더욱 두드러진 것이다. 양주 개원의 가산은 돌을 이용해 봉우리를 쌓았는데 각각

북경 향산의 황가 원림 정의원. 거울 같은 맑은 호수와 겨울 산의 정경

운남 조계사원(曹溪寺園)의 붉은 담장과 오랜 측백나무가 이루는 조화로운 정취

사계절을 상징해 사계가산(四季假山)이라고 불린다. 항주 서호의 10경 중 앞의 4경은 '소제춘효(蘇堤春曉)', '곡원풍하', '평호추월', '단교잔설(斷橋殘雪)'이며 각각 4계절을 상징한다.

1) 이상은(李商隱, 812~858): 당나라의 문학가. 하남성 심양(沁陽) 출생. 한(漢) · 위(魏) · 6조시(六朝 詩)의 정수를 계승하였고, 당시에서는 두보(杜甫)를 배웠다고 한다. 뛰어난 표현력으로 당대 수사주의 문학(修辭主義文學)의 극치를 보여주었다.

2) 장자(莊子): B.C. 4세기경 중국 고대의 사상가. 제자백가(諸子百家) 중 도가(道家)의 대표이며 도 를 천지만물의 근본원리로 보았다.

3) 혜시(惠施, 약 B.C. 370~B.C. 309): 중국 전국시대 송(宋)의 사상가. 양(梁)나라의 혜왕(惠王) · 양왕(襄王)을 섬기어 재상이 되었다. 저서가 많았다고 하나 전해지는 것은 없고 궤변에 뛰어난 사 상가였다고 한다.

4) 왕희지(王羲之, 307~365): 중국 동진(東晉)의 서예가. 중국 최고의 명필로 추앙받고 있다. 해서, 행서, 초서의 각 서체를 완성함으로써 서예를 예술의 경지로 끌어 올렸다.

5) 곽희(郭熙): 북송 때의 화가. 북방계 산수화 양식의 통일을 완성했다. 현실의 자연경치에 얽매여 사 생적인 것에 지나지 않던 그때까지의 산수화를 이상화된 마음속의 산수로 끌어올렸다.

제6장 • 명원의 시련과 복원

중국 역사를 돌이켜보면 시대를 막론하고 건국 초기에는 토목
공사가 크게 성행해 대규모의 궁원과 원림이 지어졌다. 하
지만 왕조가 바뀔 때 새로운 세력에 의해 잿더미가 되기 일쑤여서 나
라의 흥망성쇠와 원림의 운명은 불가분의 관계라고도 볼 수 있다. 인
류 역사에서도 고대 바빌로니아의 공중 정원에서부터 명나라의 원명
원까지 휘황찬란하고 눈부신 수많은 누각과 궁전이 인류의 탐욕과 무
지에 의해 소멸되어 역사의 비극으로 남았다.

　1860년 영국 · 프랑스 연합군은 북경을 침공했고 아름답고 화려한
궁전과 원림은 잔인한 약탈자들에게 그대로 노출되었다. 영국 · 프랑
스 연합군 사령관은 부하들에게 '원하는 대로 가져도 좋다'는 공문을
내려 보내 10,000여 명의 영국, 프랑스 군인들이 원명원의 보물을 닥치
는 대로 약탈해갔다. 그들의 악행은 거기에서 그치지 않았다. 옮길 수
있는 보물을 전부 다 훔쳐간 후 3,500명의 군인들이 원림의 으뜸으로
꼽히는 원명원의 여러 궁전과 건물에 불을 지른 것이다. 이 불길은 이
틀 동안 밤낮으로 계속되었고, 그 연기가 북경성의 하늘을 뒤덮었으며

먼 곳에서도 불길을 볼 수 있었다고 한다. 뿐만 아니라 청의원, 향산 정의원, 옥천산 정명원 및 부근의 황가 원림과 사가 원림까지도 모두 불살라버렸다. 맑고 투명했던 곤명호는 진흙으로 메워졌고 호숫가에는 미처 불에 타지 않은 진수동우가 처량하게 서 있었으며 그 주위에는 가시덩굴만이 무성하게 자랐다. 이 화려하고 아름다운 궁전과 사원 건물군은 돌과 기둥, 받침대만 남았으며 후산 산림의 정자, 사당 그리고 후계하에 늘어서 있던 상점은 기둥과 받침, 그리고 돌로 쌓은 가산만 남게 되었다. 중국 원림 예술의 최고 성과로 꼽히던 웅장하고 화려한 황가 원림이자, 수백 년에 걸친 땀과 노력을 통해 완성한 원림이 이렇게 10여 일 만에 폐허가 되어버렸다.

난을 겪은 후, 청나라 조정은 원명원을 복원하기로 하지만 국고 부족으로 인해 조정 내부에 찬반이 엇갈렸고 결국은 실현되지 못했다. 광서 14년(1888), 청의원은 부분적으로 복원되었고 서태후의 만수무강을 기원하는 행궁이 되면서 이화원(頤和園)*으로 이름을 바꾸었다. 1900년 8개국 연합군이 북경을 침공하자 이미 폐허가 된 원명원은 다시금 노략질의 대상이 되었다. 영국, 러시아, 이탈리아 등 열강이 1년 넘게 점거하면서 원림 내의 귀중한 보물을 모두 약탈하고 건축물

*頤和園: 1894년 서태후는 환갑 축하연을 베풀기 위해 해군 증강용으로 영국에서 차용한 돈 30,000,000냥을 이화원 개축에 썼다. 이것이 청일 전쟁(淸日戰爭)의 패배 요인이 되었다고 한다.

불에 타버린 석방이 호숫가에 정박되어 있다.

서제(西堤)에서 바라본 동쪽
경관. 만수산 곤명호가 고요하
고 아름다운 한 폭의 풍경화를
이룬다.

도 대부분 파괴되고 말았다. 1902년 서태후는 이화원에서 70세 생일
연회를 열기 위해 군비를 털어 다시 이화원을 복원한다. 하지만 이렇
게 이화원이 전소와 복원을 반복하는 과정을 겪는 동안 청나라의 국
운은 크게 기울었고 조정은 이 아름답고 귀한 원림을 보존할 힘을 잃
고 말았다.

여러 원림 중에서 원명원이 가장 심각하게 파괴되었다. 두 번에 걸
친 침략으로 인해 보물은 모두 사라졌고 건물은 불타버렸으며 탐관오
리와 군벌, 유민들의 장기적인 파손과 절도까지 자행되었다. 특히 중
화민국(中華民國)[1]이 수립되면서 아무도 돌보지 않게 되었다. 그 후 약
10~20년간 보물을 훔쳐가는 마차가 거의 날마다 원림을 드나들었다
고 하니 그나마 남은 원림마저도 석재장으로 변하고 말았다. 무너진

담장과 부러진 기둥, 깨진 기와마저도 얼마 남지 않았고 완전한 조각이 남아 있는 기둥과 돌사자 등은 남김없이 훔쳐갔다. 또한 여러 회사와 농민들이 원명원 내에 거주하면서 새로운 건물이 들어서기 시작했다. 연못가는 파헤쳐지고 나무는 베어졌으며 호수는 밭으로 변해 훼손된 채 남아 있던 경관마저도 모두 사라지고 말았다. 하지만 비극은 끝나지 않았다. 침략자들이 노략질한 원명원의 보물을 거의 100년에 걸쳐 국제 문화재 시장에 내놓고 전시하거나 경매로 팔아치웠던 것이다.

원명원의 아름다움에 대해 영국군을 따라 들어온 한 목사는 이렇게 표현했다.

"시인이자 화가이며 미술 감정사이면서 중국학자인 천재가 있어야만 원명원의 아름다움을 조금이나마 표현해낼 수 있다."

오늘날 원명원 옛터에는 어렴풋이 과거의 흔적이 남아 있는 돌 받침, 구불구불한 물길과 오솔길, 과거 원명원의 상징적 건물이었던 대수법(大水法)과 원영관(遠瀛觀)의 기둥 몇 개, 낡은 벽돌과 깨진 기와만 남아 있어 당시의 참상을 느낄 수 있게 해준다.

인류 문명은 상호 이해, 포용, 존중을 바탕으로 발전해왔다. 중국의 명원이 겪은 재난은 문명의 재난이며 인류의 치욕이다. 원림을 보호하고 문물과 유적을 지키는 것은 모든 인류의 책임이기 때문이다.

1949년 중화인민공화국이 수립되면서 중국은 새로운 역사의 시작을 맞게 되고 각지의 유명한 원림의 보존과 복원의 중요성이 대두되었다.

중국에서 가장 큰 황가 원림인 피서산장은 면적이 넓지만 통일된 관리가 부족해 한때 원림 내에 산장과 전혀 관계가 없는 기관이 입주했었다. 산악구에 별장과 주택이 들어섰고 평원구, 호수구에는 새로운 상점, 호텔, 여관 등 부대시설이 들어차 있었다. 이런 혼란한 상황에서 탈피하기 위해 현지 지방정부와 국가 문물국은 정리와 보존 작

향산사(香山寺): 현재는 향산 공원이다. 금나라 세종 연간인 1186년에 세워진 이래 800여 년의 유구한 역사를 자랑한다. 1860년, 1900년에 열강의 침략으로 두 차례 소각당했다가 신해혁명 후에 공원으로 지정되었다.

향산 소묘(昭廟)의 유리기와탑

업에 착수했다. 그 결과 산장의 물이 맑아지고 숲은 푸르러졌으며 건
축물은 원래의 소박한 풍모를 유지할 수 있게 되었다. 평원은 푸른
초목이 뒤덮었고 산에는 여전히 숲이 빽빽해 과거 피서산장의 위용
이 현대인의 눈앞에 모습을 드러낼 수 있게 되었다. 승덕시는 산장을
둘러싸고 있는 외팔묘에도 대대적인 보수개혁을 단행했고 파괴된 부
분은 전통예술기법에 따라 엄격한 복원절차를 밟았다. 1994년 승덕
의 피서산장과 그 주변의 사찰들은 완전한 하나의 건물군으로 유네
스코에 세계문화유산으로 등재되었다.

이화원은 서북 교외에 있는 황가 원림 중 보존이 가장 잘 되어 있
는 원림이다. 50여 년 동안, 곤명호는 땅을 파고 물길을 정리했고 장
하 역시 풍부한 수원을 복원해 새로운 수상 관람노선으로 거듭날 수
있었다. 원내의 건축물도 여러 차례 수리를 통해 황실 건축의 찬란한
기품을 드러내게 되었다. 이화원은 이런 세심한 노력과 보호작업을
통해 1998년 유네스코에 세계문화유산으로 등재되었다.

향산 정의원은 1세기에 걸쳐 기존의 경관과 건축물 대부분이 파괴

1970년대에 복원된 강남 원림
가정추하포(嘉定秋霞圃)

당했지만 정돈과 수리를 통해 경관을 복원하고 몇 개의 건축물을 새로 지은 덕에 규모가 비교적 큰 경관은 지금의 상태를 유지할 수 있게 되었다. 산악 구역은 녹화 작업을 통해 원래의 모습을 되찾았고 노란 연기나무와 노송이 핵심 경관을 이뤄 가을이 되면 온 산이 붉은 단풍 옷으로 갈아입는 등 과거 정의원의 풍모와 정취를 어느 정도 되찾아가고 있다.

1950년대 북경시 정부는 원명원에 대대적으로 나무를 심고 대규모 녹지를 만들어 원명원의 풍모를 복원하기로 했다. 하지만 체계적인 보호조치가 이뤄지지 않아 지속적인 파괴를 막지는 못했다. 1980년대 원명원의 동부는 약간 정돈되었고 원명원 유적공원이라는 이름으로 대중에게 개방되었다. 그 후 10여 년 동안, 원명원 내의 주택은 대부분 밖으로 이주했고 개간을 중단해 경관이 점차 회복되기 시작했다. 시 정부는 복해 주변 경관과 기춘원의 경관을 복원하는 데 중점을 두어 일부 정자와 사당을 성공적으로 복원해냈다. 장춘원의 서양루 구역은 발굴을 통해 과거의 모습을 재현할 수 있었다. 최근 북경시 정부는 다양한 분야의 의견을 수렴해 현실에 맞는 원명원 복구 방안을 수립했다. 주로 원명원의 수면과 물길, 제방, 언덕, 도로를 복원하는 데 중점을 두었으며 핵심 경관에는 더 많은 관심을 기울여 부분적으로나마 과거 황가 원림의 위풍을 되찾기로 한 것이다. 대대적이고 전면적인 복구계획이 수립된 이상 원명원의 보호와 건설은 신속하게 진행되어야 한다. 지속적인 연구와 노력을 통해 희대의 명원이 제대로 보호를 받아 새 생명으로 탄생될 수 있기를 바란다.

1| **중화민국**(中華民國, 1911~): 1911년 신해혁명(辛亥革命)이 청나라를 멸망시킴으로써 2000년의 전제정치를 끝내고 수립한 민주 정부. 1949년 공산당 정부가 들어서면서 대만으로 이주해 현재까지도 대만의 정식 국명으로 사용되고 있다.

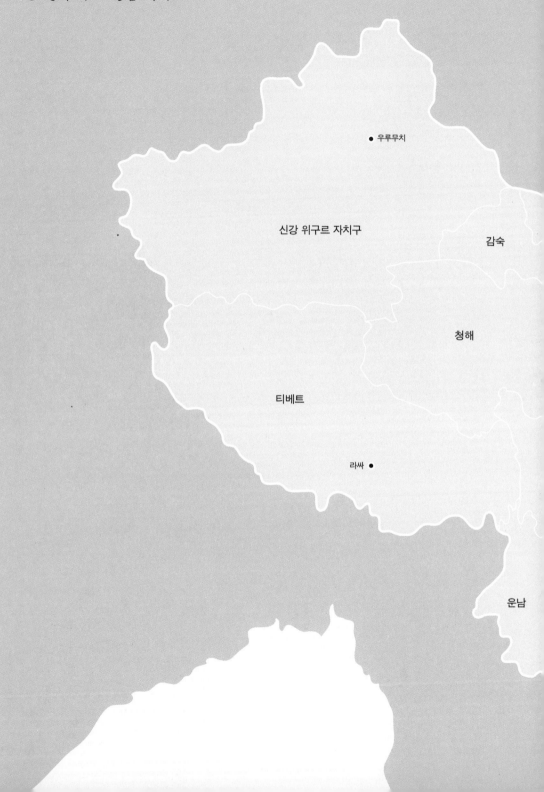

◉ 중국 주요 원림 위치도

우루무치

신강 위구르 자치구

감숙

청해

티베트

라싸

운남

중국문화 1 원림

초판 1쇄 발행 2008년 5월 20일
초판 2쇄 발행 2009년 8월 31일
지은이 러우칭씨
옮긴이 · 감수자 한민영 · 이재근 · 신상섭 · 안계복 ·
홍형순 · 이원호
펴낸이 김호석
펴낸곳 도서출판 대가
등록 제 311-47호
주소 서울시 마포구 상수동 6-1 대한실업빌딩 301호
전화 (02) 305-0210/306-0210
팩스 (02) 305-0224
전자우편 dga1023@hanmail.net
홈페이지 www.bookdaega.com
디자인 · 편집 f205
교정교열 김지희

가격 15,000원

ISBN 978-89-90999-80-1 04910
ISBN 978-89-90999-79-5 04910(세트)

이 도서의 국립중앙도서관 출판시도서목록(CIP)은
e-CIP(http://www.nl.go.kr/cip.php)에서
이용하실 수 있습니다.
(CIP제어번호: CIP2008001319)